who?

글 이숙자

만화 스토리 작가로 왕성하게 활동하고 있습니다. 지금까지 고전, 명작, 과학, 논술, 경제 등 다양한 분야의 학습 만화 작업을 해 왔습니다. 현재는 어린이들이 닮고 싶고, 되고 싶은 인물 이야기를 쓰는 데 열중하고 있습니다.

그림 조명원

1997년 주간만화 《침묵의 강》으로 데뷔를 한 이후 어린이들을 위한 다양한 학습만화 작가로 활동하고 있습니다. 주요 작품으로는 《만화로 읽는 세계지리》, 《이어령의 교과서 넘나들기 심리 편》, 《Why? People 파스퇴르》 등이 있습니다.

감수 경기초등사회과연구회
진로 탐색 감수 이랑(한국고용정보원 전임연구원)
추천 송인섭(숙명 여자 대학교 명예 교수)

 세계 인물

아웅산수찌

개정판 1쇄 인쇄 2024년 11월 15일
개정판 1쇄 발행 2025년 1월 1일

글 이숙자 그림 조명원

펴낸이 김선식
펴낸곳 다산북스

부사장 김은영
어린이사업부총괄이사 이유남
책임편집 박세미 **디자인** 김은지 **책임마케터** 김희연
어린이콘텐츠사업1팀장 박정민 **어린이콘텐츠사업1팀** 김은지 박세미 강푸른
마케팅본부장 권장규 **마케팅3팀** 최민용 안호성 박상준 김희연
편집관리팀 조세현 김호주 백설희 **저작권팀** 이슬 윤제희 **제휴홍보팀** 류승은 문윤정 이예주
재무관리팀 하미선 김재경 임혜정 이슬기 김주영 오지수
인사총무팀 강미숙 이정환 김혜진 황종원
제작관리팀 이소현 김소영 김진경 최완규 이지우 박예찬
물류관리팀 김형기 김선민 주정훈 김선진 한유현 전태연 양문현 이민운

출판등록 2005년 12월 23일 제313-2005-00277호
주소 경기도 파주시 회동길 490
전화 02-704-1724 **팩스** 02-703-2219
다산어린이 카페 cafe.naver.com/dasankids **다산어린이 블로그** blog.naver.com/stdasan
종이 신승INC **인쇄** 북토리 **코팅 및 후가공** 평창피앤지 **제본** 대원바인더리

ISBN 979-11-306-5817-9 14990

KC	**품명**: 도서 ǀ **제조자명**: 다산북스
	제조국명: 대한민국 ǀ **전화번호**: 02)704-1724
	주소: 경기도 파주시 회동길 490
	제조년월: 판권 별도 표기 ǀ **사용연령**: 8세 이상

※ KC마크는 이 제품이 공통안전기준에 적합하였음을 의미합니다.

아웅산수찌
Aung San Suu Kyi

다산
어린이

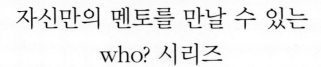

자신만의 멘토를 만날 수 있는
who? 시리즈

　　다산어린이의 〈who?〉 시리즈는 어린이들은 물론 어른들에게도 재미와
감동을 주는 교양 만화입니다. 〈who?〉 시리즈는 전 세계 인류에 영향력을
끼친 인물들로 구성되었으며 인물들의 삶과 사상을 객관적으로 전해
줍니다.

　　이처럼 다양한 나라와 분야에서 활약한 위인들의 이야기를 통해 과학,
예술, 정치, 사상에 관한 정보는 물론이고, 나라별 문화와 역사까지 배우게
될 것입니다. 〈who?〉 시리즈의 가장 큰 장점은 위인들이 그들의 삶에서
겪은 기쁨과 슬픔, 좌절과 시련, 감동을 어린이들이 함께 느낄 수 있다는
것입니다. 어린이들은 이 책을 읽으면서 폭넓은 감수성을 함양하게 됩니다.

　　〈who?〉 시리즈의 어린이 독자들이 책 속의 위인들을 통해 자신만의
멘토를 만나 미래의 세계적인 리더로 성장하기를 진심으로 응원합니다.

존 덩컨 미국 UCLA 동아시아학부 교수

존 덩컨(John B. Duncan) 교수는 한국학 분야의 세계적인 석학으로
미국 UCLA 한국학 연구소 소장 및 동 대학의 동아시아학부 교수를
겸직하고 있습니다. 하버드 대학교 교환 교수와 고려 대학교 해외
교육 프로그램 연구센터장을 역임했으며, 주요 저서로는
《조선 왕조의 기원》, 《조선 왕조의 시민 행정의 제도적 기초》 등이
있습니다.

세상을 더 나은 곳으로 만든
사람들의 이야기

　어린이들은 자라면서 수많은 궁금증을 가지게 됩니다. 그중에서도
"저 사람은 누굴까?"라는 질문은 종종 아이들의 머릿속을 온통 지배해
버리기도 합니다. 다산어린이에서 출간된 〈who?〉 시리즈는 그런 궁금증을
해결해 주기 위해 지구촌 다양한 분야의 리더들을 소개하고 있습니다.

　〈who?〉 시리즈에 등장하는 인물들은 인종과 성별을 넘어 세상을 더
나은 곳으로 만든 사람들입니다. 어린이들은 이 책에서 디지털 아이콘으로
불리는 스티브 잡스는 물론 니콜라 테슬라와 같은 천재 발명가를 만날 수
있습니다.

　책 속 주인공들의 어린 시절 이야기를 통해 기쁨과 슬픔, 도전과
성취감을 함께 맛보고, 그들과 함께 성장하면서 스스로 창조적이고 인류에
도움이 되는 사람이 되겠다는 포부와 자신감을 갖게 될 것입니다.

　〈who?〉 시리즈 속에서 다채롭고 생동감 넘치는 위인들의 이야기를
만나 보세요.

에드워드 슐츠 하와이 주립 대학교 언어학부 교수

에드워드 슐츠(Edward J. Shultz) 하와이 주립 대학교 언어학부
교수는 동 대학의 한국학센터 한국학 편집장을 역임한 세계적인
석학입니다. 평화봉사단 활동의 하나로 한국에서 영어 교사로 근무한
경험이 있으며, 현재 한국과 미국, 일본을 오가며 활발한 활동을
펼치고 있습니다. 저서로는 《중세 한국의 학자와 군사령관》,
《김부식과 삼국사기》 등이 있고, 한국 중세사와 정치에 대한 다수의
기고문을 출간했습니다.

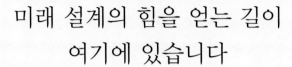

미래 설계의 힘을 얻는 길이
여기에 있습니다

　어린이가 성장하는 시기에는 스스로 미래를 설계하며 다양한 책을 접하는 경험이 필요합니다.

　어린 시절 만난 한 권의 책이 인생에 미치는 영향이 얼마나 큰지는 꿈을 이룬 사람들의 말을 통해서 알 수 있습니다. 빌 게이츠는 오늘날 자신을 만든 것은 동네의 작은 도서관이었다고 말하고, 오프라 윈프리는 어린 시절 유일한 친구는 책이었음을 고백하며 독서의 중요성에 대해 이야기합니다.

　꿈을 이룬 사람들의 공통점은 또 있습니다. 그들에게는 어린 시절, 마음속에 품은 롤 모델이 있었습니다. 여러분의 롤 모델은 누구인가요? 〈who?〉 시리즈에서는 현재 우리 어린이들이 가장 닮고 싶어하는 롤 모델을 만날 수 있습니다. 버락 오바마, 빌 게이츠, 조앤 롤링, 스티브 잡스 등 세상을 바꾼 사람들의 감동적인 이야기를 담은 〈who?〉 시리즈는 어린이들이 구체적인 목표를 설정하고 희망찬 비전을 세울 수 있도록 도와줄 친구이면서 안내자입니다. 〈who?〉 시리즈를 통하여 자신의 인생 모델을 찾고 미래 설계의 힘을 얻을 수 있습니다.

송인섭 숙명 여자 대학교 명예 교수

숙명 여자 대학교 명예 교수이자 한국영재교육학회 회장으로 자기주도학습 분야의 최고 권위자입니다. 한국교육심리연구회 회장, 한국교육평가학회장, 한국영재연구원 원장을 역임했습니다. 자기주도학습과 영재 교육의 이론을 실제 교육 현장에 적용하기 위해 노력하고 있습니다.

평생을 이끌어 줄
최고의 멘토를 만날 수 있는 책

　10대에 가장 중요한 것은 무엇일까요? 학과 공부와 입시일까요? 우리나라 최초의 국제회의 통역사로 30년 동안 활동하면서 글로벌 리더들을 만날 기회가 수없이 많았던 저는 대한민국의 초등학생들에게 특별한 조언을 해 주고 싶습니다. 그것은 큰 꿈을 가지는 것이 무엇보다 중요하다는 것입니다.

　꿈은 힘들고 지칠 때 나를 이끌어 주는 힘이고 내 인생의 주인이 되어 일어설 수 있게 하는 원동력이 되어 줍니다. 꿈이 있는 아이가 공부도 잘하고 결국 그 꿈을 실현할 수 있게 되는 것입니다. 저 역시 어린 시절 품었던 꿈이 지금의 자리에 있게 한 원동력이었습니다. 남들이 모르는 큰 꿈을 마음속에 간직하고 있었기에 괴롭고 힘들어도 포기하지 않고 다시 일어설 수 있었습니다.

　어린 시절 저에게도 힘들고 지칠 때마다 용기를 불어넣어 주고 힘이 되어 주었던 분들이 있었습니다. 지금의 자리로 저를 이끌어 준 멘토들처럼 〈who?〉 시리즈에서 여러분의 친구이자 형제, 선생이 되어 줄 멘토를 만날 수 있기를 바랍니다.

최정화 한국 외국어 대학교 교수

우리나라 최초의 국제회의 통역사로 현재 한국 외국어 대학교 통번역대학원 교수로 재직 중입니다. 세계 무대에서 자신의 꿈을 이룬 여성 신화의 주인공으로, 역시 세계에서 꿈을 펼치려고 하는 청소년들에게 멘토로서의 역할을 충실히 하고 있습니다. 저서로는 《외국어 내 아이도 잘할 수 있다》, 《외국어를 알면 세계가 좁다》, 《국제회의 통역사 되는 길》 등이 있습니다.

차 례

Aung San
Suu Kyi

아웅산수찌

- 이름: 아웅산수찌
- 생몰년: 1945년~
- 국적: 미얀마
- 직업·활동 분야: 정치인
- 주요 업적:
  1991년 노벨 평화상 수상

미얀마의 민족 영웅 아웅산의 딸로 태어났지만, 불안한 정치 상황을 피해 대부분의 어린 시절을 해외에서 보냈습니다. 영국인과 결혼해 평탄한 삶을 살다가 우연히 조국의 비참한 현실을 눈앞에서 보게 되었어요. 이후 미얀마의 민주화를 위해 싸우고자 하지요. 군사 정권은 그녀를 갖은 방법으로 위협하고 방해합니다. 아웅산수찌는 어떻게 미얀마의 민주화를 이끌었을까요?

아웅산

미얀마의 영웅이자 아웅산수찌의 아버지입니다. 미얀마의 독립을 이끌었지만, 젊은 나이에 암살당했습니다. 세상을 떠난 이후에도 미얀마 사람들의 존경을 받았고, 아웅산수찌가 미얀마의 민주화에 뛰어드는 계기가 됩니다.

마이클 에어리스

영국인 교수로, 아웅산수찌의 남편입니다. 미얀마의 민주화를 위해 아웅산수찌와 떨어져 지내면서도 평생 아내를 그리워하며, 그녀가 안전하게 활동할 수 있도록 최선을 다합니다.

들어가는 말

- 30년 가까이 독재 정권에 맞서 미얀마의 민주화를 이끈 세계적인 정치 지도자 아웅산수찌에 대해 알아봐요.
- 미얀마의 역사와 민주주의 발전 과정에 대해 살펴봅시다.
- 아웅산수찌가 미얀마의 정치 지도자로 활약하는 모습을 통해, 오늘날 국회 의원이 하는 일에 대해 알아볼까요?

1 아버지의 죽음

19세기 말, *버마(현재 미얀마)를 침략한 영국은 외국 기업이 버마의 자원을 마음대로 가져가는 것을 허용했습니다.

아웅산수찌의 아버지 아웅산은 1930년대, 대학에 다니던 학생 시절부터 버마의 독립 운동을 주도했습니다.

*버마는 1989년 군사 정부에 의해 국명을 미얀마로 변경했지만, 시민들은 군사 정부에 맞서는 의미로 버마라는 국명을 사용했습니다. 이 책에서는 미얀마 국명 변경 후에도 민주주의 운동에 앞장선 시민의 대사에서 국명을 버마로 표기했습니다.

우리끼리는 안 되겠어.
버마의 독립을 위해서
외국과 협력해야 해.

1941년, 독립을 위해 아웅산은 30명의 인재와 함께 일본에서
비밀리에 군사 훈련을 받았습니다. 그리고 아웅산은 참모 총장을
맡으며 이들과 함께 버마 독립군의 중추 세력이 되었습니다.

아웅산 총장! 드디어 기회가 왔소.
우리 일본이 *진주만 공격을 끝낸 후에
함께 버마로 진입하는 겁니다.

*진주만 공격: 1941년 12월 7일, 일본이
미국 하와이의 진주만을 기습 공격한 사건

와아 와

아웅산 장군님!
저희도 나라의 독립을 위해
싸우겠습니다.

저벅. 저벅. 저벅.

와 와아

척 척 척

버마와 일본의 합세로 영국군은 퇴각했고, 1943년 8월 1일,
버마는 영국으로부터 독립합니다.

두타다탕

으악 탕

일단 퇴각하라!

와아아

그러나 이것은 일본의 속임수였습니다.

계속 일해!
일하란 말이야!

너희 나라는 우리의 *속국이
되었어!

펴!

이런, 영국인들보다
더 잔인한 놈들.

총장님! 이제 일본이 버마를
통치하려 하고 있습니다.

마침 제2차 세계 대전에서
일본이 패할 것 같다. 우리가
연합군과 손잡고 일본을
몰아내도록 하자.

*속국: 법적으로는 독립국이지만 실제로는 정치나 경제, 군사 면에서 다른 나라에 지배되고 있는 나라

일본군의 점령으로 중단됐던 버마의 민주화를 다시 추진해야 한다.

1945년 8월, 버마는 연합국과 손잡고 영국을 다시 끌어들여 일본을 버마 내에서 몰아냈습니다.

이제야 자유를 위한 진정한 투쟁이다!

그렇게 버마의 민주화는 완성되어 가고 있었습니다.

이제는 우리가 영국으로부터 진정한 독립을 이룰 때입니다!

국민 영웅 아웅산은 투쟁 중에 아내 킨치를 만났고, 아들 둘과 딸 하나를 낳았습니다. 아웅산수찌가 태어난 날은 1945년 6월 19일 화요일입니다. 버마 사람들은 화요일에 태어난 아이는 큰 인물이 된다고 믿었습니다.

화요일에 태어나다니! 장차 큰 인물이 될 거야.

저도 볼래요.

1947년 4월 9일, 아웅산이 이끄는 인민 자유 동맹당이 제헌 의회 구성에서 승리를 거두어 민주주의를 실시할 수 있게 되었습니다.

버마는 곧 영국 연방에서 벗어나 완전한 독립을 이룰 것입니다. 하지만 군인들이 정치를 해서는 안 됩니다. 반드시 민주적인 정부가 세워져야 합니다.

린, 오늘도 수찌와 잘 놀아 줄 거지?

여보, 다녀와요.

착하구나.

네, 아빠, 염려 마세요.

조국의 독립을 목전에 둔 1947년 7월 19일,
아웅산은 그를 시기하는 무리에 의해 희생되었습니다.

장군님이,
장군님이 그만······.

장군님을 시기하는
자들의 총에 맞아······
크흑!

으허헝

엄마

아앙

엄마, 아빠가 왜?

1947년 7월 19일, *랑군의 회의실에서 참사를 당한 아웅산과 여섯 명의 각료는 쉐다곤 파고다의 국립묘지에 묻혔습니다.

아웅산이 세상을 떠나고 불과 6개월 후인 1948년 1월 4일, 버마는 영국 연방에서 벗어나 독립 국가가 되었고, 아웅산과 함께 학생 운동을 지도했던 우누가 버마의 초대 총리를 맡았습니다.

장군은 국민에게 용기와 희망을 주셨던 버마의 진정한 영웅입니다.

네, 아이들 아빠도 우리나라의 독립을 보며 기뻐하고 있을 거예요.

시간이 흘러 1953년.

오빠, 아빠는 어떤 분이었어?

글쎄, 내 기억으로는 참 친절하셨던 것 같아.

나도! 나도 아빠처럼 장군이 될 거야!

난 아빠처럼 멋진 영웅이 될 거야!

그래? 그럼 어디 피해 봐라~.

푸슉

거기 서! 하하!

*현재 미얀마의 최대 도시이자 2005년까지 미얀마의 수도였던 양곤의 옛 이름

린이 죽은 후, 남은 가족은 수도 랑군의 새 집으로 이사했습니다.

애들아, 힘을 내자.

네, 엄마.

아웅산수찌의 어머니 킨치 역시 버마에서 주목받는 인물로,
아웅산의 뒤를 따라 국회 의원을 지냈고, 여성 아동 복지
위원회 위원장을 지냈습니다.

허리를
곧게 펴라.

몇 번을 말해야
알아듣겠니?

뜨끔

너희는 민족 영웅
아웅산의 자식이야.
품위 있는 몸가짐을
가져야지.

학교 다녀오겠습니다!

여학생 옷차림이 그게 뭐니?
사람들이 뭐라고 하겠어?

학교에서 아이들이
수찌를 남자애 같다고
놀려요.

당장 얌전하게 바꿔 입어.

엄마, 저는 이다음에
군대도 가고 장군이
될 거라고요!

여자는 군대에 못 간단다.

네?
어째서요?

아웅산수찌의 어머니는 아웅산의 이름에 누가 되지 않도록
아이들을 키우기 위해 자녀 교육에 매우 엄격했습니다.

나라의 법이 그렇게 되어 있어.
그리고 제발 여성스럽게 행동해.
아버지의 이름에 부끄럽지 않도록.
알겠니?

네, 엄마……

수찌, 군인이 되는 건 위험한 일이야. 아빠도 총에 맞아 돌아가셨잖아.

난 그냥 평범하게 살 거야.

똑. 똑.

킨치 여사님 계신가요?

네? 갑자기 제가 인도 대사로 임명되다니요?

장군님의 남겨진 가족을 위해 특별 대우를 해 드리는 겁니다. 아이들을 데리고 인도의 *델리로 떠나십시오.

*델리: 과거 인도의 수도

엄마! 델리는 좋은 곳이에요?

응, 그렇지.

인도 최초의 여성 대사가 된다는 것은 자랑스러운 일이지만, 우리 가족을 외국으로 보내는 이유가 뭐지?

무언가 이상한 움직임이 일어나고 있어.

1960년, 아웅산수찌가 열다섯 살 때 가족은 인도로 떠났습니다.

그래……, 난 아이들 엄마야. 나라가 안정될 때까지 당분간 버마를 떠나 있도록 하자.

1962년, 네 윈은 군사 쿠데타를 일으켜 우누 수상을 내쫓고, 이를 반대하는 사람들을 모조리 감옥에 가두었습니다.

네 원이 무슨 발표를 한대요!

앞으로 모든 재산은 나라의 것이며,

중앙 당국에서 모든 경제 정책을 결정한다.

이제 개인의 소유는 없다는 거 아냐?

도시.

누가 여기서 마음대로 장사하래?

네?

농촌.

쌀은 일 년에 두 번씩, 정해 주는 양만큼 생산해. 쌀값도 정부에서 결정할 거다!

뼈 빠지게 농사지어 봤자 오히려 손해만 보게 생겼네.

국회.

의회 제도까지 폐지시키다니 버마의 앞날이 걱정입니다.

그뿐 아니라 세계에서도 외톨이가 되려고 해요. 외국 기업은 문을 닫게 하고, 모든 국제 단체도 추방하고 있어요.

신문사.

군부에 조금이라도 비판적인 글을 실으면 신문사가 문을 닫게 될 지도 몰라.

1988년까지 계속된 네 윈의 버마식 사회주의는 버마 국민들에게 경제적으로 재앙과도 같은 빈곤을 초래하게 됩니다.

아웅산수찌의 성공 열쇠

나라를 걱정하는 마음

아웅산수찌는 어린 시절부터 줄곧 외국에서
생활했지만, 조국 버마(현재의 미얀마)와 아버지
아웅산의 딸인 것을 자랑스럽게 생각했습니다.
유학을 마친 뒤에는 영국에서 학자인 남편과 두
아들을 두고 가정주부로 평탄한 삶을 살고 있었지요.
그런데 갑작스럽게 어머니의 병간호를 맡아 버마에
돌아오게 되었고, 때마침 일어난 '8888 항쟁'을
직접 보게 되었습니다. 그동안 소문으로만 들었던,
'자국의 군대가 국민을 죽이는' 참혹한 현장을
본 아웅산수찌는 이제 나라를 위해 투쟁하기로
결심했습니다. 이제껏 살아온 평온했던 삶을
버리고, 스스로 가시밭길을 걷겠다고 나선 거예요.
버마의 국민도 아웅산 장군의 딸 아웅산수찌만이
국민의 대표가 될 수 있다고 생각했어요.

2011년 아웅산수찌. 아웅산수찌는 2016년 미얀마의
국가자문역을 맡았습니다. ⓒ Htoo Tay Zar

'8888 항쟁'으로 독재 정권인 네 윈 군부는
물러갔지만, 소 마웅 장군의 신군부가
쿠데타(무력으로 정권을 빼앗음)를 일으켜
정권을 장악했습니다. 아웅산수찌는 민족 민주
동맹을 만들고 군사 정부와의 기나긴 싸움을
시작했어요. 군부는 그녀가 영국으로 가기를
바라며 협박과 회유를 계속했습니다. 하지만
아웅산수찌는 존경하는 아버지 아웅산, 그리고
군부의 독재 아래 고통 받고 있는 국민을 외면할 수
없었습니다. 이렇듯 아웅산수찌의 깊은 애국심은
사람들에게 희망이 되었습니다.

아웅산수찌의 사진을 들고 8888 항쟁의 희생자들을 기리는
미얀마의 시위대 ⓒ Burma Democratic Concern

둘 용기

아웅산수찌는 군사 정권에 의해 21년 동안 가택 연금을
받고, 외부 사람들과의 교류를 철저하게
차단당했습니다. 군부가 보낸 괴한들에 의해
죽음의 위험에 처하기도 했고, 무자비하기로
소문난 인세인 감옥에 갇히기도 했지요.
하지만 아웅산수찌는 군대의 총칼 앞에서도
의연함을 잃지 않고 투쟁했답니다. 수십
명의 군인이 그녀를 향해 총구를 겨누고
있을 때조차 그녀는 흔들림 없이 한 발 한
발 침착하게 걸음을 내디뎠고, 용기 있는
아웅산수찌의 모습을 지켜본 국민들은
그녀가 과연 자신들의 영웅인 아웅산

아웅산수찌가 어렸을 때의 가족 사진

장군의 딸답다고 생각했습니다. 국민들은
그녀에게서 독재 정부에 맞설 수 있는 용기를
얻을 수 있었습니다.

아웅산수찌는 용기를 갖기 위해서 무엇보다
공포로부터 자유로워져야 한다고 주장했습니다.
군사 정권은 자신의 권력을 잃게 될까 두려워
부패하고, 민중은 그 아래에서 희생당할까봐
두려워서 타락한다고 생각했기 때문입니다. 권력
자체보다는 '공포'가 사회와 사람을 부패하게
한다고 생각한 거예요.

'8888 항쟁' 이후에도 민주화를 요구하는 민중들의
항쟁이 이어졌고, 군부는 역시나 총칼을 휘두르며
국민을 공포로 몰아넣었어요. 하지만 이들은
아웅산수찌가 주장한 '공포로부터의 자유'를
생각하며 긴 투쟁을 견딜 수 있었습니다.

서점에서 판매되는 아웅산수찌 관련 도서. 아웅산수찌
의 용기는 미얀마 국민들에게 독재 정권에 맞설 수 있
는 힘을 주었습니다. ⓒ m.gifford

셋 도덕성

'아웅산수찌'라는 이름에서 '아웅산'은 아버지의 이름에서
딴 것이고, '수'는 '모으다', '찌'는 '맑음'을 나타냅니다.
즉 '수찌'는 '맑은 것을 모으다.'라는 뜻이에요.
그래서인지 아웅산수찌가 가진 강점 중 하나는 정치적
도덕성입니다.
아웅산수찌는 자신의 가장 큰 열망은 영적인 종류의
것으로, 마음이 깨끗해지는 것이라고 했어요. 이런
높은 도덕성을 추구하는 그녀의 성품은 미얀마
국민들이 처한 참혹한 현실을 모른 척하지 않음에서도
드러났어요. 군사 정권의 오랜 독재 아래서 농민들은
지주들에게 착취당하며 더 가난해졌습니다. 부패한
정권이 자신들의 배를 불리고 있을 동안 서민들은
치솟는 물가에 더욱 고통받았습니다. 아웅산수찌는
어린 시절 해외 유학까지 다녀와 수준 높은 교육을 받은
특권층이나 마찬가지였지만, 정권의 회유에 넘어가지 않고
민중의 현실을 외면하지 않았습니다.
아웅산수찌는 또한 군사 정권의 온갖 위협과 폭력에도
무력으로 대응하지 않고, 비폭력 투쟁이라는 원칙을 지켜
나갔습니다. 아웅산수찌의 평화적인 대응은 오히려 많은

전 미국 대통령 버락 오바마는 2012년 아웅산수찌의 자
택을 방문해 미얀마의 민주주의에 대해 이야기를 나눴
습니다. © Pete Souza

who? 지식사전

미얀마의 문자 © I, Javelefran

이름 표기에 대하여

그동안 '아웅 산 수 치' 또는 '아웅 산 수치'로 써 왔으나 '수치'라는 말이 한국어에서
'수치스럽다'는 뜻으로 사용되므로, 아웅산수찌 측에서 버마어 발음과 비슷한
'아웅산수찌'로 써 줄 것을 요청하였습니다.
이렇게 아웅산수찌 측이 공식으로 요청한 다음부터 한국의 일부 언론들은 '아웅 산 수지'로
바꾸거나 '아웅 산 수치(수지)'로 병행하여 표기하고 있어요.

국민과 국제 사회의 눈길을 끌었고, 군사 정권에게는 어떠한
무력보다 큰 위협이 되었습니다.

넷 ▶ 희생정신

미얀마의 민주화를 위해 싸우면서 아웅산수찌는
엄마로서 두 아이가 커 가는 모습노 볼 수 없었고,
남편이 암에 걸려 죽어 갈 때, 마지막 모습도 곁에서
지키지 못했어요. 1988년부터 2015년까지, 30년에
가까운 오랜 시간을 군사 정권과 싸우며 많은
것을 포기해야 했습니다. 아웅산수찌는 자신과
가족의 고통은 뒤로한 채, 다른 동지들의 일을 더
걱정했습니다. 감옥에 갇히고 모진 고문을 당하는
동지들, 그리고 이웃에게 외면받고 가난한 살림에

아웅산수찌는 1991년 노벨 평화상을 받았지만,
가택 연금에서 풀려난 뒤 21년 만에 노벨 평화상
수락 연설을 하게 되었습니다.

고통스러워할 그들의 가족에 마음 아파했어요.
아웅산수찌의 이런 희생정신은 조국에 대한 확고한 의식과
옳고 그름에 대한 분명한 기준을 지닌 성품 때문이었습니다.
군사 정권이 영국으로 돌아가라고 비행기 표까지 마련해
놓고 끊임없이 회유했지만 아웅산수찌는 조금도 흔들리지
않았답니다. 그러니 무자비했던 군사 정권마저도 그녀를 가장
두려워할 수밖에 없었지요.

영화 〈더 레이디〉

뤽 베송 감독, 양자경 주연의 영화 〈더 레이디〉는 2012년 9월에 한국에서
개봉했습니다. 아웅산수찌가 민주화 투쟁 속에서 조국과 가족 중 어느 쪽을 택할지
갈등하고, 고통받는 모습을 인간적으로 그려 낸 영화이지요.
영화 속에서는 아웅산수찌가 민족의 투쟁가이기도 하지만 그녀도 한 가정의
어머니이며 한 남자의 아내이기도 하다는 점이 잘 묘사되어 있어요.

영화 〈더 레이디〉에서 아웅산수찌 역을
맡은 배우 양자경

2 영국에서의 유학 생활

1960년 인도의 수도 델리. 당시 간디의 지도 아래 독립 운동을 했던 네루가 수상이 되어 1947년부터 인도를 다스리고 있었습니다.

엄마, 델리의 모습이 우리 랑군과 비슷해요.

인도 역시 버마처럼 영국의 오랜 식민지였거든.

엄마, 네루 수상은
왜 우리에게 이런 집을
마련해 준 거예요?

네루 수상은 아버지와 서로
존경하는 사이였단다.

아름다운
집이에요!

버마의 독립을 위해 중요한 회의에
참석하러 런던으로 가는 길에 이곳 델리에 들르셨지.
그때 네루 수상이 아빠에게 독립에 대한
조언을 해 주기도 했어.

인도는 우리와
비슷한 면이 많은
나라 같아.

자자!
이제 들어가서
짐을 풀거라.

*뉴델리의 여자 고등학교.

쟤가 버마의 우상 독립 운동가 딸이라며?

그래서 저런 옷을 입고 다니나?

아웅산수찌는 고등학교 때부터 1962년 스리람 여대의 정치학과에 다니는 내내 뛰어난 성적을 유지했습니다.

수찌! 무슨 생각을 그렇게 하니?

내가 태어난 버마를 생각하고 있었어.

*뉴델리: 델리의 남쪽 지역에 건설된 신도시로 현재 인도의 수도

대사관에서 우연히 들었는데, 지금 버마는 인도와 많이 다른 것 같아. 군사 정권이 독재 정치를 펴고 있대. 무장 군인들이 사람들의 발목에 쇠사슬을 채우고 강제로 일을 시킨다잖아.

뭐라고? 어떻게 그런 일이!

버마도 인도와 같이 식민지에서 벗어났는데, 왜 두 나라는 다를까? 아직 부족하지만 인도는 민주 정부로 나아가고 있잖아.

간디?

음……, 우리 인도에는 간디가 있잖아!

간디는 영국의 식민 통치에 대항해서 비폭력 불복종 운동을 펼쳤어.

그리고 인도에는 아직 간디와 네루가 이끌던 독립 단체 국민회의가 *다수당으로 있어.

*다수당: 의회에서 의석이 많은 정당

인도에는
훌륭한 지도자가
참 많았구나.

인도에서는 간디와 함께
나라의 독립을 위해 투쟁했던 네루가
독립된 나라의 수상이 되었지만,
버마에서는…….

투쟁가인 아버지가
독립을 코앞에 두고 죽임을
당했었지.

1964년, 아웅산수찌는 영국 옥스퍼드 대학에 진학해서 정치학, 철학, 경제학을 공부하였습니다.

재 가나 사람 아니야?

그래서 저렇게 촌스럽구나!

수찌, 과제는 다 했니?

수찌, 왜 그래?

저 영국 애들 말이야. 가난한 나라에서 왔다고 가나 애를 무시하고 있어. 정말 나쁜 애들 아니니?

그러게.

키득 키득

캠퍼스는 자유로운 분위기였지만 아웅산수찌는 자신에게 엄격했습니다. 버마인으로서 자신이 어떻게 행동해야 할지에 대한 분명한 기준을 가지고 있었기 때문입니다.

민주주의란 국민이 권력을 가짐과 동시에 스스로 권리를 행사하는 정치 형태를 말합니다.

민주주의의 기본 정신은 인권에 있어요. 인권이란 사람으로서 당연히 누려야 할, 인간답게 살 권리를 말하며

제2차 세계 대전 이후 *유엔은 세계 인권 선언을 통해 모든 인간의 권리를 인정했습니다.

인권에는 자유로울 권리, 차별 받지 않을 권리, 일할 권리 등이 포함되어 있습니다.

대개 민주주의는 인권과 함께 발전하지요.

*유엔: 국제 연합. 전 세계의 평화와 협력을 위해 만들어진 국제 기구

교수님!

네. 질문 있으면 하세요.

영국의 명예혁명이 민주주의에 끼친 영향에 대해 알고 싶어요.

저 학구적인 학생의 질문에 속 시원히 대답해 줄 사람 없나요?

슉!

웅성 웅성

명예혁명은 1688년에 제임스 2세의 전제 정치에 맞서 일어난 시민 혁명입니다.

주권이 국민에게 있음을 밝힘으로써 근대 자유 민주주의의 기틀을 마련했지요.

맞아요. 명예혁명으로 의회 중심의 입헌 군주제를 확립하였고, 시민의 권리를 법으로 보장받았지요.

영국 의회는 제임스 2세 왕의 딸 메리 2세와 네덜란드의 권력자이자 메리의 남편인 하노버 공을 불러들이면서 피 한 방울 흘리지 않고 제임스 2세를 실각시켰어요. 그래서 명예혁명이라는 이름이 붙었지요.

의회의 동의 없이 국왕이 함부로 법률을 폐지하거나, 과세 기준을 적용하거나, 상비군 모집이 불가능하다.

의회는 왕 앞에서 문서를 발표했어요. 이후 중요한 나랏일을 결정하려면 의회의 승인을 받아야 했기 때문에, 의회 정치가 본격적으로 발달하게 됩니다.

유럽은 이미 17~18세기에 민주 국가의 토대가 마련되었네.

독립

버마는 20세기에 이르러서야 겨우 독립과 함께 민주 정치가 싹틀 수 있었는데……

하지만 독재로 제대로 꽃피우지 못했지.

자, 다음에 계속합시다.

휴……

영국에서의 유학 생활 **51**

아웅산수찌의 나라, 미얀마

하나 **미얀마의 역사**

미얀마에는 10세기 이전부터 여러 민족이 살고 있었어요. 현재 미얀마 대다수 인구를 차지하는 버마족은 11~13세기 미얀마를 지배했던 버간 왕조 이후부터 번성했습니다. 이후에도 여러 민족으로 이루어진 왕조가 생기고 없어지다가, 18세기 중엽 버마족의 알라웅파야가 이 땅을 차지했습니다. 바로 미얀마의 마지막 왕조인 꼰바웅 왕조입니다.

미얀마 국기. 결속과 평화, 용기, 단일성을 상징합니다.

꼰바웅 왕조는 세 차례에 걸친 영국과의 전쟁에서 패배하면서 멸망하고, 미얀마는 1886년부터 영국의 식민 지배를 받게 되었습니다. 아웅산(아웅산수찌의 아버지)은 독립을 위해 일본과 손잡고 1942년 미얀마에서 영국을 내쫓았으나, 1945년에 일본이 패망하면서 미얀마는 다시 영국의 소유가 되었지요. 결국 1948년 1월 4일 영국으로부터 독립하면서 버마 연방이 세워졌습니다. 이후 다수 정당이 의회를 이루는 민주적인 선거가 치러지기도 했습니다. 하지만 버마 민족 이외의 소수 민족과 여러 가지 의견이 충돌하면서 버마는 혼란스러운 상황에 놓였습니다. 이를 틈타 1962년, 네 윈 장군이 쿠데타를 일으켰어요. 네 윈의 뒤를 이어 소 마웅, 탄 슈웨 등 군인들이 정권을 잡으며 군사 정권에 의한 독재 정치가 수십 년간 계속되었지요.

1824~1826년의 영국·미얀마 전쟁을 그린 그림. 이 전쟁으로 미얀마는 영국의 식민지가 되었습니다.

2007년 대규모 시위 이후, 계속되는 민주화를 위한 국민들의 저항과 국제 사회의 압력에 못 이긴 군부는 정권을 내려놓기로 합니다. 물론 2010년 총선을 통해 대통령이 된 테인 세인 역시 군사 정부에서 총리를 하던 인물로, 군부의 힘은 여전히 막강했습니다. 하지만 폐쇄적이었던 미얀마의

통치는 조금씩 완화되었어요. 테인 세인 정권은 아웅산수찌의
가택 연금을 해제하고, 감옥에 있던 수백 명의 민주화
인사들을 대거 석방했답니다. 2015년 말에는 아웅산수찌가
이끄는 민족 민주 동맹이 압도적인 지지를 받으며 정권
교체에 성공했습니다.

둘 〈 불교 국가

미얀마는 고대에 인도의 영향을 크게 받아 불교문화가
중심에 자리 잡고 있어요. 왕조 시대에 왕은 왕실 주변만
통치했는데, 만일 왕이 국가를 넓히려면 나라 전체에 영향을
미치고 있던 불교의 도움을 받아야 했습니다. 즉 왕이 불교를
권할 수밖에 없었지요.

미얀마의 옛 수도 양곤에 있는 불탑, 쉐다곤 파고다

고대에 불경을 기록하던 '팔리어'는 후에 버마어의 기원이
되었고, 불교 법전인 '담마'는 미얀마의 법처럼 쓰였습니다.
미얀마 어디에서든 파고다(탑)를 볼 수 있고, 마을마다
'짜웅'이라는 사원이 있어요.

그래서 미얀마를 '황금의 미얀마'라고 부르기도 합니다.
추수할 때가 되면 나타나는 들판의 황금색, 사원이나
지붕의 황금색이 너무나 아름답지요. 특히 미얀마의 옛
수도 양곤에 있는 쉐다곤 파고다는 높이 100미터, 둘레
450미터나 되는 어마어마한 탑입니다.

불교는 현재 미얀마 사람들의 생활과 전통 문화
곳곳에서도 드러납니다. 미얀마 남자들은 누구나 사원에
들어가 수도승 생활을 하며 공부를 합니다. 이렇게 하는
것 자체를 명예로 여겨요. 아이가 태어나면 부모는 아이의
이름을 짓기 위해 승려와 상의하고, 지역에 따라 정식
학교에 입학하기 전에 승려가 운영하는 학교에서 수업을
받는 어린이들도 있습니다.

미얀마의 남자들은 청소년기가 되면 사원에 들어가
일정 기간 수도승 생활을 합니다. ⓒ Lionslayer

셋 　 폐쇄적인 나라

1962년에 쿠데타로 정권을 잡은 네 윈은 아웅산수찌의 아버지인 아웅산과 함께 독립 운동을 했던 아웅산의 부하였습니다. 그러나 네 윈은 식민지 시절에 대한 심한 강박증 때문에 서방 사회를 적대시하는 '버마식 사회주의' 경제 정책을 펼쳤어요. 모든 산업을 국유화하고, 경찰은 국민을 감시했어요. 외국인을 추방하며 국제적으로 고립되었고, 나라 안은 부정부패가 들끓었습니다. 이는 미얀마에 엄청난 경제 파탄을 가져왔지만, 네 윈 정권은 정책을 이어갔습니다. 사회를 개방시키면 자신의 독재 정권도 무너질 거라는 두려움 때문이었지요. 결국 1988년, 국민들이 일으킨 '8888 항쟁'으로 네 윈은 정권을 내려놓았습니다. 하지만 그의 영향력과 군사 정권의 독재는 계속되었고, 국민들은 더욱 탄압받았습니다.

양곤의 중앙역. 양곤은 2005년까지 미얀마의 수도였으며, 현재까지도 미얀마의 중심지입니다.

넷 　 버마에서 미얀마로

네 윈의 뒤를 이어 쿠데타로 정권을 잡은 소 마웅은 1989년 나라 이름을 '버마'에서 '미얀마'로 변경했습니다. 이와 함께 버마의 옛 수도(2005년부터 미얀마의 행정 수도는 네피도) '랑군'을 '양곤'으로 고쳐 불렀어요. 소 마웅 정부는 이름을 바꾼 이유에 대하여, 미얀마의 수많은 소수 민족 전체를 가리키려면 버마보다 미얀마가 더 어울린다고 설명했습니다. 하지만 군사 정권을 인정하지 않겠다는 의미에서 민주화 운동가들은 이를 거부하고 계속해서 버마라는 이름을 사용했습니다. 2016년 군사 정권이 물러나자 미얀마의 민주주의를 이끌던 아웅산수찌는 미얀마라는 국호를 인정했습니다.

옛 수도 양곤과 현재의 행정 수도인 네피도의 위치 ⓒ Uwe Dedering

다섯 풍부한 자원

이제까지 미얀마의 군사 정부는 중국을 비롯한 소수의
나라와만 좋은 관계를 유지했습니다. 군사 정부 체제를
인정한 나라가 적었기 때문입니다. 그런데 미얀마의
독재 정부가 물러나고 국제 사회가 점차 제제를 풀기로
합의하면서 이제 다른 국가들도 미얀마와 좋은 관계를
유지하고자 합니다. 미얀마에 자원이 풍부하기 때문이지요.
미얀마에는 석유, 가스, 진주, 루비 등이 많이 나고, 가구를
만드는 티크라는 나무가 전 세계에서 가장 풍부합니다.
미국은 중국을 견제하는 입장으로, 중국 바로 밑에
있는 미얀마와의 관계가 꽤 중요하게 되었습니다.
2011년, 힐러리 클린턴 전 미국 국무 장관은 미얀마의
정부 지도자를 만나 "앞으로 미얀마가 민주화 조치를
지속적으로 추진한다면 미국이 적극적으로 돕겠다."고
약속하기도 했답니다.
미얀마 역시 국제적인 고립에서 벗어나기 위해 적극적인
입장을 보이고 있어요. 2014년, 미얀마는 동남아시아
국가들의 모임인 아세안(ASEAN)에서 의장국을
맡았습니다. 이는 미얀마가 국제 외교에 참여함을 알리는
신호탄이 되었습니다.

미얀마가 경제 개방을 시작하면서 최대 항구인 양곤항이
활기를 띄게 되었습니다. ⓒ Colegota

미얀마는 2014년 아세안 의장국을 맡으며 다양한 국제
회의를 개최했습니다. ⓒ U.S. Department of State

who? 지식사전

수많은 소수 민족으로 이루어진 미얀마

미얀마는 68퍼센트의 버마족과 샨족, 꺼인족, 친족, 카친족, 몬족 등의 소수 민족으로 구성되어
있습니다. 정부가 공식적으로 인정하고 있는 민족은 모두 135개입니다.
민족은 이렇게 다양하지만 종교는 불교(88퍼센트), 기독교(6퍼센트), 이슬람교(4퍼센트), 정령
신앙(1퍼센트), 기타 신앙(1퍼센트)으로 국민의 대다수가 불교 신자랍니다.

소수 민족인 카렌족
ⓒ DAVID ILIFF

3 깨달음의 시작

킨치, 대사직을 그만두겠다니요?

네 윈의 폐쇄적인 경제 정책과 독재 권력의 부정부패가 버마의 경제를 파탄냈어요.

네 윈 역시 아웅산과 함께 독립운동을 했던 사람이었는데 이젠 탐욕스런 독재자가 되어 버렸어요.

그게 킨치의 잘못은 아니잖아요?
대사직을 계속하면서 버마를
위한 방법을 찾아보세요.

그런데도 대사직을
계속하는 것은 군부 독재를
돕는 일 같아서 더는
못 하겠어요.

지금 버마 국민들은
군사 정부의 폭압과
가난 속에서 질식사할
상태에 이르렀어요.

말릴 수가 없겠구나.

1967년, 아웅산수찌의 어머니 킨치는 대사직을 그만두고,
랑군의 집으로 돌아왔습니다.

아웅산 장군님의 부인이
돌아오셨으니 이제 국민은
희망을 가질 수 있어요.

1967년, 옥스퍼드 대학.

엄마가 편지를 보내셨구나.

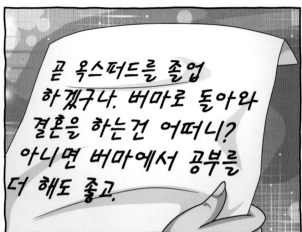

곧 옥스퍼드를 졸업 하겠구나. 버마로 돌아와 결혼을 하는건 어떠니? 아니면 버마에서 공부를 더 해도 좋고.

벌써 결혼을 하는 건 싫은데. 그리고 공부를 계속할 거면 버마보다는 영국이나 미국이 나을 거야.

어쩌지?

아웅산수찌의 큰오빠 아웅산우는 런던의 대학에서 공부를 마친 후, 미국 시민이 되어 평범한 회사원으로 살아가고 있었습니다.

나는 미국 시민이 되어 평범하게 살아갈 거야.

우 오빠는 일찍 부터 자신의 길을 정해 놓았었지.

하지만 나는 반드시 조국과 아버지의 이름을 지킬거야.

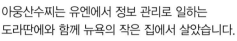

아웅산수찌는 유엔에서 정보 관리로 일하는
도라딴에와 함께 뉴욕의 작은 집에서 살았습니다.

수찌,
무슨 일 있어?

이 편지 좀 보세요.

이게 뭐야?

네 원이 나와 오빠를
초호화 별장에
초대한다네요.

무슨 속셈이지?

아웅산의 자식들도
자기 말을 듣는다고 주변에
보이고 싶은 거죠, 뭐.
거절할 거예요.

그래도 거절하면 큰일 나지 않을까?

네 윈 같은 사람, 정말 싫어요!

그나저나 뉴욕에서 대학원에 가려던 계획은 왜 관둔 거야?

알고 보니 담당 교수가 네 윈 정권과 친밀하잖아요.

자신의 이익을 위해 독재 정권과 타협하다니, 그런 교수 밑에서는 공부할 수 없어요.

그렇다면, 이제 학교도 다닐 만큼 다녔으니 일을 해 보는 건 어때?

일하러 간 곳도 그러면 어쩌죠?

아웅산수찌는 학업을 중단하고 1969년부터 약 3년 동안 유엔 사무국에서 민주주의와 인권에 관련된 일을 하였습니다.

내가 근무하는 유엔에 들어와. 사무총장 우 탄트는 네 윈에 아주 비판적이란다.

그것참 잘됐네요.

아웅산수찌가 유엔에서 활동하던 어느 날이었습니다.

수찌, 오랜만이다.

네! 초대해 주셔서 감사합니다!

유엔에서 일한다며?

세계 여러 나라의 인권 단체들을 돕기 위한 예산을 세우고 실행하는 일을 하고 있어요.

멋있네, 수찌는 분명 뭔가 해낼 거야.

별말씀을요.

마이클 왔구나?

안녕하세요?

마이클, 수찌는 버마의 영웅 아웅산의 따님이셔!

아~ 버마! 버마는 불교 국가죠? 제가 불교에 워낙 관심이 많아서요!

정말요?

아웅산수찌와 마이클은 처음부터 서로에게 끌렸고, 곧 사랑에 빠졌습니다.

버마와 불교에 관심이 많다니, 반갑습니다.

지금부터는 수찌에 대해 더 잘 알고 싶은 걸요?

영국은 최근까지 버마를 식민 지배하던 나라인데, 그런 영국인과 결혼을 하겠다니? 그건 버마 국민에게 절대 용납되지 않는 일이다!

마이클은 저를 가장 잘 이해해 주는 사람이에요. 제가 아웅산의 딸인 것을 매우 자랑스러워하고, 불교와 버마에 관해 따뜻한 관심을 가지고 있어요.

엄마, 저는 마이클을 믿어요. 그리고 사랑해요.

어쩔 수 없지. 수찌, 너를 믿어 보마.

1972년 1월 1일, 결혼을 한 아웅산수찌는 남편 마이클의
직장이 있는 영국에서 살아가게 됩니다.

그리고 1973년, 아웅산수찌의
첫째 아들 알렉산더가 태어났습니다.

아웅산수찌가 왔다고?
정치에는 들어서지 않도록
조심하는 게 좋을 거요!

정부가 당신을
주시하고 있어.

전 어머니를 뵈러
들렀을 뿐이에요.

국민들의 시위가 자주 일어나고 있는데,
아웅산의 딸이 들어와 있으니 정부 측에서는
불안할 거야.

왜 시위가 일어나는
거죠?

요즘 부쩍 식량 사정이
나빠져서 모두 굶주림에
시달리고 있거든.

그런데 정부가 농민에게 너무 싸게 쌀을 사들이니, 농민들은 쌀을 팔지 않고 비축해 두었다가 암시장에 내다 팔고 있어.

그 바람에 불쌍한 국민은 암시장에서 몇 배로 비싼 값에 쌀을 살 수밖에 없고.

최근에는 철도 노동조합의 파업을 비롯해 전국적으로 파업이 확산되었지만 모두 군대에 의해 무자비하게 진압되었지.

팍

아악

퍽

버마의 현실은 생각했던 것보다 훨씬 심각하구나.

가거라, 수찌.

어머니, 제가 남아 무언가를 할 수 있지 않을까요?

이제 아이도 생겼으니 평범하게 살아가거라. 버마도 잊고 아웅산의 딸인 것도 잊어라.

후...

투타탕

흑흑!

나라가 이러니, 내 남편의 죽음도 헛되게 되었어.

1980년대 영국, 아웅산수찌 부부의 집.

앙앙‥

아웅산수찌는 영국에서 두 아이를 키우면서 한동안 조용히 살았습니다.

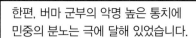

한편, 버마 군부의 악명 높은 통치에
민중의 분노는 극에 달해 있었습니다.

자고 일어나면
물가가 올라요.

지금 가진 돈으로는
쌀도 못 사.

하룻밤 사이
기름값이 두 배가
됐다고요?

갓 독립했을 때만 해도 우리 버마가
서남아시아에서 가장 부유한 국가가
될 것으로 예상했는데……

어쩌다 이 지경까지
됐을까?

유엔이 세계에서 가장
가난한 나라를 버마라고
발표했습니다.

정부가 소중한 자원을
헐값으로 외국에
팔아넘겼기 때문이야!

그렇게 늘린 자신들의
재산을 몰래 해외로
빼돌리고 있어. 도덕적으로
완전 썩은 정부야!

썩은 통치자 네 원은 물러가라!

랑군의 대학생 수만 명이 모여 시위를 벌이기도 했습니다.

국민은 굶어 죽고 군부는 배 터져 죽는다!

*계엄령을 선포한다!

이리 와!

장모님이 말씀하신 상황인가 봐.

이건 단순한 시위 진압이 아니야. 버마가 점점 더 위기로 치닫고 있어.

뉴스를 통해 조국 버마의 암울한 현실을 깨달으면서 아웅산수찌는 자신의 어깨 위에 놓인 아버지의 유산을 느끼게 됩니다.

사람들이 아버지의 사진을 들고 시위를 하고 있다니. 여전히 국민들에게는 아웅산 같은 인물이 필요하구나.

*계엄령: 국가에 비상사태가 일어났을 때, 군대가 임시로 정부의 일을 대신한다는 명령.
비상사태를 명분으로 정부에 비판적인 시민 사회를 과잉 진압할 가능성이 있다.

미얀마의 주요 인물

하나 아웅산

아웅산(1915~1947년)은 아웅산수찌의 아버지예요. 버마의 독립에 결정적 공헌을 했지만, 정작 자신은 독립을 지켜보지 못했지요.

아웅산은 아웅산수찌의 아버지로, 미얀마의 영웅입니다.

아웅산은 랑군 대학에 재학 중이던 청년 시절부터 독립 운동에 앞장섰습니다. 그는 영국에 대한 저항 운동을 주도했고, 나라의 독립을 위해서라면 어떤 나라와도 손잡을 필요가 있다고 생각했지요. 그래서 아웅산은 '30인의 동지'와 함께 일본에 가서 군사 훈련을 받고, 1942년에 일본군과 함께 버마로 돌아왔습니다. 하지만 일본은 영국보다 잔인한 방법으로 버마를 통치했고, 이에 맞서 아웅산은 연합군과 합동 작전을 벌여 일본을 물리쳤습니다.

이때 아웅산은 버마의 총리 임무를 수행했지만, 입법 거부권을 가진 영국인 총독 밑에 있는 처지였어요. 또 영국은 버마의 완전한 독립을 쉽게 인정하지 않았지요. 결국 아웅산은 영국 런던에 가서 1947년 1월 27일, 1년 이내에 버마의 독립이 가능하다는 내용의 협정을 이끌었고, 1947년 4월, 아웅산이 이끄는 단체인 반 파시스트 인민 자유 동맹(AFPFL)은 선거에서 큰 승리를 거두었습니다. 하지만 버마의 독립을 불과 6개월 앞둔 7월 19일, 랑군의 사무실에서 회의 중이던 아웅산을 포함한 여섯 명의 각료는 암살당하고 말았습니다. 그토록 원했던 독립을 보지는 못했으나, 나라를 위해 노력했던 그는 지금도 국민들로부터 '민족의 영웅'으로 추앙받고 있답니다.

아웅산 장군의 동상

둘 ᐸ 네 윈

네 윈(1911~2002년)은 독립군 시절 아웅산 장군의
부하였습니다. 랑군 대학을 중퇴했으며, 아웅산이
인솔했던 '30인의 동지' 중 한 명으로 일본에서 혹독한
군사 훈련을 받았지요.

1948년 버마는 독립하지만, 그 직후부터 반란이
계속되었습니다. 이때 국방 장관이었던 네 윈은
정부를 지킨다는 명목으로 1962년 쿠데타를 일으켜
정권을 잡았어요. 그리고 버마식 사회주의 정책을
펼치며 의회를 해산하고, 이에 반발하는 시위들을
강경 진압했습니다. 1974년부터는 대통령이
되었어요. 7년 후, 우 산 유에게 대통령직을
넘겨주고서도 버마 사회주의 계획당(BSPP)
의장을 맡으며 나라의 실권을 장악했습니다.
이 기간 동안 버마의 경제 정책은 상당히
폐쇄적이었고, 결국 고립된 경제 정책으로
세계에서 가장 가난한 나라로 전락하게
되었습니다.

1959년, 이스라엘 총리와 악수하는 네 윈(오른쪽)

양곤 대학교 인야관. 양곤 대학교는 아웅산과 네 윈 등 미얀마의
주요 인사들이 다녔던 랑군 대학의 현재 명칭입니다.
© Wagaung

who? 지식사전

대통령제와 의원 내각제

대통령제에서 정부는 국회의 의견과는 상관없이 행정에 관련한 결정을 낼 수 있습니다. 정부의 수반인 대통령의 권한이
상대적으로 커 정국이 안정적이지요. 하지만 정부와 국회가 대립 상태가 되었을 때에는 해결하기 어려운 단점이 있습니다.
반면, 의원 내각제는 다수당을 중심으로 내각을 구성하여 행정을 담당하는 방식이에요. 잘못되면 그 책임을 내각에 묻지요.
다만 의원 내각제는 정부가 의회에 끌려다닐 수 있다는 단점이 있어요.

셋 | 미얀마의 역대 통치자

• **우누**: 1948년 버마 독립 이후 선출된 최초의 수상이지만, 다양한 의견을 모아 버마의 정치를 안정시키는 데 실패했습니다. 결국 네 윈의 쿠데타로 물러났습니다.

• **네 윈**: 1962년 쿠데타로 정권을 잡았다가 1988년에 일어난 '8888 항쟁'으로 물러났습니다. 이후로도 긴 시간 동안 버마의 정치에 영향을 미친 것으로 알려졌습니다.

• **세인 르윈**: 1988년에 네 윈의 뒤를 이어 대통령직에 올랐습니다. 강력한 탄압으로 '도살자'라는 악명을 얻었습니다.

탄 슈웨는 1992년부터 20년 가까이 미얀마를 통치했습니다. ⓒ Government of Thailand

• **소 마웅**: 국가 법질서 회복 위원회(SLORC) 초대 의장이에요. 그는 1989년 국명을 버마에서 미얀마로 고쳤습니다. 건강 문제로 인해 1992년 4월, 권력에서 물러났습니다.

• **탄 슈웨**: 소 마웅의 뒤를 이어 국가 법질서 회복 위원회(SLORC) 및 국가 평화 발전 평의회(SPDC) 의장을 맡았습니다. 무려 18년 동안 미얀마를 통치했습니다.

• **킨 늇**: 2003년 8월에 수상 자리에 올라 짧은 임기를 마치고 2004년 10월에 숙청당했습니다.

테인 세인은 미얀마 연방 공화국의 초대 대통령이 되었습니다. ⓒ Thai Government

• **테인 세인**: 2011년에 미얀마 연방 공화국의 초대 대통령이 되었고, 2016년 3월 임기를 마쳤습니다.

• **틴 초**: 아웅산수찌의 측근이었던 틴 초가 2016년 미얀마의 대통령이 되었습니다.

8888 항쟁은 비록 실패했지만, 이 사건에 영향을
받은 아웅산수찌가 1988년부터 전국을 돌면서
국민이 자신의 권리를 위해 일어서도록 용기를
불어넣었습니다.

한편으로는 수천 명의 학생들이 미얀마의 주요
도시를 떠나 태국과 미얀마 사이의 국경 지대를
따라 캠프를 쳤습니다. 민주주의를 짓밟는 독재에
대항하여 게릴라 전쟁을 수행하기 위해서였지요.
비폭력 저항을 계속했던 아웅산수찌와는 달리,
학생들은 총을 들고 정부에 맞섰어요.

민족 민주 동맹(NLD)의 깃발. 버마 학생 민주 전선과 아웅산수
찌가 이끄는 민족 민주 동맹은 구체적인 지침이 다르지만, 미
얀마의 민주화라는 공통된 목표를 가집니다.

조국을 구하는 일에 뛰어드는 동안 이들은
말라리아와 영양 결핍에 시달렸습니다.
미얀마군과 태국 양쪽으로부터 철저한
공격을 받기도 했습니다. 많은 이들이 투쟁
중 붙잡혀서 태국 유치장에 갇혔고, 일부는
미얀마로 송환되어 감옥에 갇혀 고문을
당했어요. 또 일부는 호주, 영국, 캐나다
등으로 정치적 망명을 떠나기도 했습니다.

2007년 미얀마의 반정부 시위 행렬 ⓒ racoles

who? 지식사전

미얀마 사람들에게는 성(姓)이 없다?

우리나라는 대개 아버지의 성을 따라 이름을 짓습니다. 예를 들어,
조○○ 씨의 자녀는 성이 조 씨가 되고, 이름은 가족이 상의하여 짓게
돼요. 그러나 미얀마 사람들은 성이 없고, 개인의 이름만 있습니다.
게다가 그 이름도 특별한 규제 없이 바꿀 수 있어요. '아웅산수찌'도
'아웅산', '수', '찌'로 이루어진 이름이지요. 미얀마에서는 이름을
'아웅산수찌'와 같이 모두 붙여 씁니다.

미얀마 사람들은 성을 사용하지 않습니다.
ⓒ EU Humanitarian Aid and Civil Protection

4 우리는 민주주의를 원한다

1988년 영국 옥스퍼드.

군사 독재 타도

따르릉!

수찌,
어머니가 쓰러지셨어!
병원이야.

엄마가 뇌졸중으로
쓰러지셨대요.

울먹..

당장 항공편을
알아볼게요.

딸칵

알렉산더, 킴!
엄마가 없어도 밥 꼭
챙겨 먹고 있어.

몸조심하고,
전화해요.

끄덕

정말 오랜만에 온
고향인데…….
초라하구나.

죄송하지만 치료에
필요한 모든 의약품을
환자 가족분이
구해 와야 합니다.

네? 그게
무슨 말이죠?

수십 년 동안 이어진 버마의
경제 침체로 의료 체계까지
마비된 상태였습니다.

도대체 이게 무슨
일이란 말인가.

수찌 왔니?

기다리세요.
약을 구해 올게요.

탕
탕

이게 도대체…….

으
아
악

빨리!

1988년 8월 8일, 미얀마 현대사에서 가장 치열했던
민주화 운동 '8888 항쟁'이 일어났습니다.

정신 차려요, 학생!

8888 항쟁은 랑군의 대학생을 중심으로 시민들이 모여 민주화를 요구하는 평화적인 시위였습니다.

시위가 계속되자 네 윈은 정권을 내려놓았지만, 그의 뒤를 이은 소마웅은 시위를 과잉 진압하며 군부 독재를 이어 갔습니다. 군인들은 총검을 피해 도망가는 사람들이나 구경하던 사람들을 가리지 않고 사격했습니다.

마이클,
지금 영국 대사관에서
전화하는 거예요.
정부가 국제 전화를
막았거든요.

엄마는 곧 집으로
모실 거예요.
애들은요?

아이들 걱정은
하지 말아요. 나는
당신이······.

치이익······

여보세요?

내가 그쪽으로
가는 빠른······.

여보세요?

여보세요?
안 들려요.

치익

뚜 뚜
뚜······

아, 가족이라면 함께 있어야 하는 건데······.

군대의 횡포를 눈앞에서 지켜본 아웅산수찌는 극한 분노에 휩싸였습니다.

어떻게 이럴 수가! 한 나라의 군대가 자기 국민을 죽이고 있어!

떡 팍!

아아, 나라가 이 지경인데 그동안 나는 뭘 한거지!

나는 버마인이야. 더 이상 조국의 현실을 외면해서는 안 돼.

하지만 ……, 아이들과 남편은?

그리고 병석에 누워 계신 어머니는 누가 돌보지?

아웅산의 딸 수찌 여사만이 우리 버마를 위해서 나설 수 있어요.

아웅산 장군은 참된 정치를 위해 제일 먼저 군대를 그만두셨죠. 그리고 군에서 나오는 연금마저도 거절하셨어요.

장군님은 군인이 정권을 쥐면 국민을 총칼로 다스릴 수 있다고 염려하셨는데, 그런 상황입니다.

군사 정권이 물러나야만 국민들이 행복해집니다.

그래, 난 아웅산의 딸이야.

우리 당의 깃발이에요. 붉은색 바탕 위에 하얀 별과 황금색 공작을 넣었어요.

공작새는 오래전부터 민중 항쟁의 상징이었죠.

아웅산수찌는 버마 국민의 간절한 바람을 받아들여, 민족 민주 동맹(NLD)을 이끌며 버마의 민주화를 위해 비폭력 저항과 평화 투쟁을 전개합니다.

공작새는 이길 때까지 처절하게 싸우는 동물이에요.

싸우는 공작새!

'싸우는 공작새'보다는 '춤추는 공작새'라고 부르기로 해요.

피 흘리며 싸우는 공작새가 아니라, 우리 버마 민중을 위해 꽁지깃을 활짝 펼친 화려하고 우아한 공작새가 되어야 하니까요.

네?

저는 무장 투쟁을 믿지 않아요. 무기를 휘두르는 사람은 권력도 휘두르게 된다는 걸 보았으니까요.

어떠한 경우에도 폭력은 안 돼요. 간디도 비폭력 저항으로 인도의 독립을 이루어 냈잖아요.

하지만 맹수의 공격을 맨손으로 막을 수는 없잖아요?

그런 생각을 버려야 합니다.

만일 우리가 폭력을 써서 민주주의를 이룬다면, 우리는 변화가 필요할 때마다 언제든지 폭력을 써도 된다고 생각하게 될 거예요.

폭력은 또 다른 폭력을 불러올 뿐이에요.

이렇게 많은 사람 앞에서 연설하기 처음이야.

수찌, 잘하자. 파이팅!

아웅산수찌가 연단에 서자 대학생들은 경호를 위해서 자발적으로 연단을 둘러쌌습니다.

조-용~

1988년 8월 26일, 아웅산수찌는 랑군의 쉐다곤 파고다에서 국민들에게 첫 연설을 했습니다. 쉐다곤 파고다는 아버지 아웅산이 영국의 식민 지배를 강하게 비판하던 장소이기도 합니다.

국민 여러분, 우리는 민주 정부를 원합니다. 다수 정당이 함께하는 민주주의를 평화적으로 이루어 냅시다!

민주화를 위해 우리에게 가장 필요한 것은 용기입니다! 8888 항쟁에서 거리의 시민들은 군대의 총칼도 두려워하지 않았습니다.

맞아, 용기 덕분이지. 죽음도 두려워하지 않는 용기!

아웅산수찌 여사가 돌아와 줘서 너무 기뻐.

흑!

흑!

자기 자신의 필요만 바라보던 눈을 높이 치켜떠 보십시오.

지금 우리를 둘러싼 세상의 진실은 무엇입니까?

우리나라처럼 인권이 없는 곳이 세계 어느 곳에 또 있겠습니까!

우리에게는 볼 수 있는 용기, 느낄 수 있는 용기, 행동할 수 있는 용기가 필요합니다.

그저 가만히 앉아서 자유가 주어지기만을 기다릴 수는 없습니다.

옳소!

아웅산 장군이 다시 온 것 같아!

와아 와

국민의 어머니, 아웅산수찌!

전국적인 시위의 결과, 정부는 점차 민주적인 사회로 나아가겠다고 발표하였고, 언론의 자유를 허락했습니다. 하지만 이는 1년이 채 가지도 않은 군사 정부의 술책에 불과했습니다.

아웅산수찌는 지금까지 평범한 주부로 살았지만, 이제는 버마의 희망이 되었습니다.

두 박스예요?

어서 실어요.

수찌 남편 마이클을 이 나라에서 내보내야 해.

아웅산수찌의 남편 마이클은 수찌가 하는 일을 가까이에서 도우며 큰 힘이 되어 줬습니다.

홀로 남겨진 아웅산수찌는 전국을 돌며 연설을 하는 등 바쁜 나날을 보냈습니다.

수찌,
여기 이 자료도 참고하면
좋을 것 같아.

고마워.

오실 때가 됐는데……?

부우웅

와, 아웅산수찌
여사님이다!

와아 와

여러분에게는 머리가 있습니다.
단지 고개를 끄덕이는 데만 쓰려고 있는
머리는 아닐 것입니다.

하 하 하!

우리한테 하는
말 같은데?

우리가 살고 있는
버마는 지난 26년간
군사 정권의 온갖 무기와
협박과 억압에 짓눌려
있습니다.

민주화 투쟁은 자기
자신의 행복을 위해 꼭
필요한 일입니다.

와
와

짝···
짝··
짝··

다음은 어디지?

끌러 마을이야.

춥네요.

여사님을 위해 따뜻한 호텔 방을 준비해 두었습니다.

저희는 신세를 지려고 온 게 아닙니다. 그냥 작은 방 한 칸이면 충분합니다.

아웅산수찌는 전국을 돌며 연설을 하고, 가는 곳마다 주민들의 열렬한 환영을 받았습니다. 군대의 감시와 방해 때문에 여행은 위험했지만, 아랑곳하지 않고 버마 전역을 누비고 다녔습니다.

수찌, 킨치 여사님이······.

휴

뭐, 뭐라고?

연설을 마치고 돌아온 1988년 12월 27일. 아웅산수찌의 어머니 킨치는 일흔여섯 살의 나이로 세상을 떠났습니다. 이 사건은 국민들이 다시 거리를 점거하고 민주화에 대한 열망을 보여 줄 좋은 기회이기도 하였기에, 수많은 인파가 질서 있게 행렬했습니다.

어머니!

어머니, 어머니의 죽음을 애도하는 사람들이 10만여 명이나 모였어요. 편히 잠드세요.

여보, 이제 전 정말 혼자가 되었어요.

사회주의와 민주주의

하나 사회주의

사회주의는 대중이 경제를 공동으로 운영하며 자원을 효율적으로 분배하는 사상으로, 모든 사람이 정당하고 평등하게 노동의 대가를 분배받는 사회를 지향합니다. 자본주의의 문제점을 비판하며 생겨났지요.

고대 그리스의 철학자 플라톤 때부터 사회주의와 밀접한 사상이 생겨났고, 이후 유럽 각지에서 이런 이상적인 사회를 꿈꾸는 학자들에 의해 발전해 왔어요. 그러나 이상적인 형태의 사회주의는 실제로 이루어지기 힘듭니다. 현실에서는 개인의 성취 욕구를 꺾거나, 모든 것을 통제하는 정부가 독재와 부패에 물들 수 있다는 문제가 있기 때문이에요.

사회주의에서 두 가지 사상이 발전되었습니다. 먼저 공산주의는 사회주의가 지향하는 마지막 단계로, 국가의 재산을 모두가 공동으로 나누어 가져 계급 없는 평등 사회를 이룩하려는 사상입니다.

사회 민주주의는 이미 민주주의가 발달한 나라에서 점차 사회주의를 실현하고자 하는 생각이에요. 현재 공산주의는 동기 부여 없이는 노력을 다하지 않는 인간의 본성을 이해하지 못한 실패한 사상으로 평가받고 있어요. 하지만 핀란드, 노르웨이, 스웨덴 등 북유럽의 복지 국가들이 낳은 사회 민주주의는 무상 교육, 보편적 복지를 통한 기회의 분배를 이룩한 성공적인 정치사상으로 평가되고 있답니다.

철학자 플라톤은 공동 소유를 강조하는 등 오늘날의 사회주의와 비슷한 주장을 펼쳤습니다.

북유럽에 위치한 핀란드의 도심. 핀란드를 비롯한 다수의 북유럽 국가들이 사회 민주주의를 도입하고 있습니다. © Majestic

둘 〈 민주주의

민주주의는 국민이 주인이 되어 국민을 위해 정치가
이루어지는 제도입니다. 미국 링컨 대통령은 게티즈버그
연설에서 "국민의, 국민에 의한, 국민을 위한 정부"라는
발언을 했어요. 이 말은 나라의 주인은 국민이고, 국민들이
정치에 참여해 나라를 다스리며, 나랏일이 국민의 행복을
위한 것이어야 한다는 뜻이랍니다.

민주주의의 주요한 개념은 자유와 평등입니다. 사람은
사람이라는 이유 그 자체만으로 소중하고 존중받아야
하며, 그것은 자유와 평등에서부터 시작되기 때문입니다.
민주주의가 올바르게 작동할 수 있도록 마련된 장치는
다음과 같습니다.

에이브러햄 링컨 대통령의 게티즈버그 연설은
민주주의의 핵심을 잘 요약했습니다.

입헌주의

국민의 권리를 보호하기 위한 최고의 법인 헌법에 따라 나라를
다스리는 것을 말합니다. 헌법이 있기 때문에 대통령이나
국회 의원도 나랏일을 자기 마음대로 결정할 수
없지요.

권력 분립

하나의 기관이 강한 힘을 가진다면 국민의 자유와
권리를 해칠 위험이 커져요. 그래서 입법부,
행정부, 사법부로 권력을 나누어 서로 견제하고
균형을 이루게 합니다.

북한의 공식 명칭은 조선 민주주의 인민 공화국으로
민주주의를 표방하지만, 세계에서 가장 억압적인
체제를 유지하고 있습니다. ⓒ Nicor

지방 자치

중앙에 권력을 집중시키지 않고 지역 주민들이
자기가 살고 있는 지역을 스스로 다스릴 수 있게
하는 방법이에요.

아테네의 민주주의

최초의 민주주의는 고대 아테네에서 시작되었어요. 물론 오늘날과는 달랐지요. 크게 다른 점으로는 아래의 세 가지가 있습니다.

첫째, 아테네의 민주주의는 직접 민주주의였습니다. 모든 시민은 한곳에 모여 직접 결정을 했어요. 이것은 아테네가 작은 도시로 이루어진 나라였기 때문에 가능했던 일이랍니다. 둘째, 여성이나 외국인, 노예는 정치에 참여할 수 없었습니다. 셋째, 나랏일을 맡길 사람은 지금과 같은 선거가 아니라 추첨을 통해 뽑거나 서로 돌아가면서 맡았습니다.

초기 형태의 민주주의가 이루어졌던 아테네 ⓒ LennieZ

시민 혁명

아테네의 민주주의는 사라졌고, 이후 대부분은 왕이나 귀족이 나라를 다스렸습니다. 하지만 왕이나 귀족의 횡포가 심해지자 사람들은 시민 혁명을 일으켜서 왕과 귀족을 내쫓았습니다.

시민 혁명을 통해 사람들이 '나라의 주인은 국민'이라는 것을 깨닫게 되면서 세계 여러 나라에서 민주주의 정치가 시작되었습니다.

그렇지만 초기에는 왕과 귀족의 권위가 여전히 강했고, 여성, 노동자, 농민 등은 정치에 참여할 수 없었어요. 이들의 계속된 싸움 끝에 오늘날과 같이 모든 국민이 평등하게 정치에 참여할 권리를 얻게 되었답니다.

물론 현대의 민주주의도 완벽한 것은 아닙니다. 지금도 곳곳에서 더 나은 민주주의를 만들기 위한 노력이 계속되고 있습니다.

18세기 말, 프랑스 국왕이었던 루이 16세는 시민 혁명으로 세워진 정부에 의해 처형당했습니다.

넷 여당과 야당

오늘날 대부분의 민주주의 국가는 국민이 뽑은 국회
의원이 정치를 주도하는 간접 민주주의를 채택합니다.
이때 '여당'과 '야당'이라는 표현을 사용하지요. 여(與)는
'같은 편' 또는 '한패'라는 뜻으로 여당은 정부의 편을
들어 그 정책을 지지하는 정당을 말해요. 대통령제의
경우 대통령을 배출한 정당이 여당이 됩니다.

서울 여의도에 있는 국회 의사당 ⓒ frakorea

야당은 '재야 정당'의 준말로 '재야(在野)'라는 말은
'공직에 나가지 않음'을 뜻해요. 현재 정권을
잡고 있지 않은 정당을 야당이라고 합니다.
야당은 여당의 반대편에 서서 정부의 정책을
비판하고 견제하며 다음 대통령 선거에서
정권을 잡기 위해 노력합니다.
대통령제 국가인 우리나라에서는 국회 의원을
뽑는 총선거에서 여당이 차지한 의석 수가
야당보다 적을 경우 의회의 지지가 튼튼하지
못해 대통령이 강력한 정책을 펼칠 수가 없는
경우도 생깁니다.

오늘날 대부분의 민주주의 국가에서는 투표를 통해 뽑힌 국회 의원
이 정치를 주도합니다. ⓒ Rama

who? 지식사전

현재 북한의 정치 상황

2011년, 김정일 국방 위원장이 사망하면서 그의 셋째 아들 김정은이 북한을 통치하게
되었습니다. 그리고 2012년 4월 13일, 헌법을 개정하면서 국방 위원장직을 폐지하고
국방위원회 제1위원장직을 신설해 김정은 체제를 공식 출범하였지요.
이렇게 북한은 근·현대 역사상 최초로 김일성-김정일-김정은으로 이어지는 3대 세습이
이루어졌습니다. 북한의 여당은 현재 조선 노동당으로 수십 년간 장기 집권하고 있습니다.
야당도 있긴 하지만 모두 조선 노동당의 통제를 받고 있답니다.

북한의 정치가로 독재 체제를
구축한 김일성

5 비폭력으로 저항하다

아웅산수찌의 영향력이 너무 커져 가고 있어.

그대로 두면 안 되겠어!

끼익!

제대로 한번 겁을 주자고.

타닥

이봐, 모두 도로에서 비켜!

뭐지?

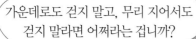

마웅툰 소령,
너는 왜 그 여잘
살려 준 거지?

죽이라는 명령이
없었습니다.

이런 겁쟁이 같으니.

타

오!

아까
아웅산수찌를
죽여 버렸어야
했는데,

그럼 이런 분란도
없었을 거 아냐.

타ㄹ오!

정권을 잡은 소 마웅은 1992년 4월, 건강 악화로
은퇴하기까지 독재 권력을 휘둘렀습니다.

둘 다 틀렸어!

어어~ 왜 이러는 겁니까?

아웅산수찌의 영향력이 커지자 독재 정권은 그녀를 찾아온 사람들을 감금하거나 강제로 돌려보냈습니다.

정부에서 가택 연금을 내렸소.

이제부터 집 밖으로 한 발짝도 나갈 수 없고, 우리가 허락하는 사람 외에는 연락할 수 없소.

집 안에서도 여사님을 감시할 건가 봐요!

나를 고립시키려는 거구나.

1989년 7월 20일부터 아웅산수찌에게는 가택 연금이 내려졌습니다. 가택 연금은 8888 항쟁 이후 세계가 주목하고 있는 아웅산수찌를 함부로 감옥에 넣을 수 없어서 쓴 군사 정부의 편법이었습니다. 아웅산수찌의 집에는 도청 장치가 설치되었고, 전화 통화 내용도 전부 녹음당했습니다.

소 마웅의 군사 정부는 아웅산수찌가 가택 연금을 당하는 동안, 국민들이 그녀의 존재를 잊어버리기를 바랐습니다.

군사 정권은 국제 사회에 압박에 못 이겨 예외적으로 몇 번 가족들의 방문을 허락했습니다.

이게 도대체 무슨 일이오?

아웅산수찌는 지금 가택 연금 중이오. 하지만 영국으로 간다면 당장이라도 보내 줄테니 설득해 보시오.

수찌! 수찌!

다행히 가족분들은 들어오게 해 주었군요.

여사님은 단식 중이세요. 벌써 나흘째 아무것도 안 드셔서······. 어쩜 좋아요?

여보.

똑똑!

수찌가 12일째 단식 중이에요.
동료들의 처우를 개선해 주시오.
만약 수찌가 죽으면 세계의 여론이
어떻게 될지 생각해 봐요.

골치 아프군. 하지만
그 여자를 죽이면 안 돼.
우리한테도 좋을 거 없잖아.

암튼 대단한 여자야.

지난번 마웅툰 소령과
우밋 대위도 그 여자 때문에
죽은 거잖아.

아그작

알겠소, 돌아가 보시오!

탁!

그 여자가 남편 따라
영국으로 가 버리면 얼마나 좋아?

이참에
수찌 남편도
아예 못 오게 해야겠어.

아웅산수찌의 동료들
처우는 개선해 주기로
했네.

1989년, 소 마웅의 군사 정부는 나라 이름을
미얀마로 바꾸고, 8888 항쟁의 결과 약속했던 대로,
국민 투표를 해서 당선되는 정당에게 권력을
넘겨주겠다고 발표했습니다.

그렇고말고! 아무리
민주화를 외쳐 봤자,
국민들은 이미 우리 방식에
익숙해져 있어.

선거를 해도 우리가
이길 겁니다.

그래도 혹시 모르니
아웅산수찌를 이번 선거에
아예 출마하지 못하게
만듭시다.

외국인과 혼인한 사람은 후보로 출마하지 못한다.

쾅 쾅!

수찌 여사가 못 나오게 일부러 조항을 만들었어.

선거조항 공고문

1990년 5월 27일, 30년 만에 치러진 총선.

투표소

총선의 결과, 아웅산수찌가 이끄는 민족 민주 동맹(NLD)의 후보자가 82퍼센트의 지지를 받아 당선되고, 심지어 군인들이 사는 지역에서도 우세를 보였습니다.

와글 와글

이 기쁨을 국민들과 함께 나눠야겠어요.

가택 연금 중이니 담장 너머로 축하 연설을 하면 되겠네요.

네? 무효라니요?

개표가 3주나 걸린다고 거짓말을 하더니 아예 국회 의원을 뽑는 선거가 아니라 헌법을 제정하는 사람을 뽑는 선거였다고까지 말을 지어냈대요.

소 마웅 정부는 얼토당토않는 거짓말로 선거 무효를 선언했습니다.

말도 안 돼!

당시 민족 민주 동맹 사람들은 모두 감금되어 있었고, 인터넷이나 SNS도 발달하지 않았기 때문에, 사람들은 이런 상황이 잘못된 줄은 알았지만 딱히 어찌할 방법이 없었습니다.

나라가 어떻게 되려고……

민주주의를 부르짖는 사람들은 모두 투옥되거나 망명당했어.

당신도 이 나라를 떠나. 가겠다고만 하면 당장이라도 가택 연금을 풀어 주겠어.

쾅

고집불통!

계십니까?

마이클, 미얀마 정부에서는 아웅산수찌가 영국에 오도록 당신이 설득하라고 합니다.

저는 그럴 수 없어요.

안 그러면 여사님이 위험해질 수 있어요.

수찌는 위험 따위를 두려워하는 사람이 아니랍니다.

저어…….

먹을 것을 사야 하는데 돈이 한 푼도 없어요.

이봐요, 저 가구를 팔아서 돈을 마련해 줄 수 있나요?

그러게 정부에서 주는 돈을 받지 그래요?

군사 정권으로부터는 단 한 푼도 받기 싫어요.

많이 쇠약해지셨는데 이젠 먹을 것까지 걱정해야 하다니…….

마이클과 아이들은 잘 있을까?

아웅산의 딸로, 이 나라의 국민으로 내가 해야 할 일은…….

아웅산수찌의 첫 번째 가택 연금은 1989년 7월부터 1995년 7월까지 무려 6년간 계속되었습니다. 1990년 7월 이후부터는 대사관을 통해 가족의 소식을 들을 수도 없었고, 공식적인 발언도 모두 금지시켰습니다.

그들에게 절대로 물러서지 않겠어.

세계 각국의 민주화 운동

하나 ❯ 인도의 비폭력 불복종 운동

인도의 민족 운동 지도자, 마하트마 간디

마하트마 간디(1869~1948년)는 인도가 영국의 식민지였던 대부분의 기간 동안 인도 독립 운동을 지도하였습니다. 1919년 2월, 영국은 인도의 민족 운동을 탄압하기 위해 '롤라트 법'을 제정했어요. 롤라트 법에 의하면, 인도 국민이 영국에 반항하는 운동을 하면 체포 영장을 발부받을 필요도 없이 무조건 잡아들일 수 있었습니다. 이 법의 이름은 당시 조사 위원장인 롤라트 판사의 이름에서 따왔다고 합니다. 말도 안 되는 법에 인도인들은 크게 반발하였고 마침내 1919년 4월 13일, 1만여 명이 모여 롤라트 법의 철폐를 요구하는 시위를 벌였습니다. 그러나 영국군은 시위대를 향해 무차별 사격을 가했고, 4천여 명이 넘는 희생자를 남기며 시위 장소는 피바다가 되었습니다.

이 사건은 당시 인도 독립 운동을 주도하고 있던 간디를 중심으로 한 비폭력 불복종 운동의 기폭제가 되었어요. 간디는 무력에도 평화적인 방법으로 맞서는 독립 운동을 이끌었고, 전 인도인에게 영국 상품 불매, 납세 거부, 공직 사퇴 등을 제안하며 시위를 계속해 나갔습니다.

간디의 이런 비폭력 운동은 인도뿐 아니라 다른 나라에도 큰 영향을 주었습니다. 아웅산수찌 역시 이에 영향을 받아 군사 독재에 비폭력 저항으로 맞섰어요. 그래서 1999년 4월 18일 미국의 〈뉴욕타임스〉는 지난 1천 년간의 최고의 혁명으로 간디의 비폭력 불복종 운동을 선정하기도 했습니다.

1948년 뉴델리에서 열린 기도회장에서 간디를 총으로 쏴 암살한 나투람 고드세

중국의 톈안먼 사건

공산주의 경제 체제를 취하고 있던 중국에서 과감한
경제 개혁이 일어났는데, 그에 따라 하위 간부들의
부정부패는 심해져 갔습니다. 물가가 상승하자
인민(국가의 일반 구성원)들의 불안감은 더욱
커졌어요. 그러던 중 신망이 두터웠던 정치가
후야오방이 사망하였고, 많은 학생과 인민들이 인민
영웅 기념비로 모이면서 시위가 시작되었습니다.
시위는 점점 커졌고, 정부는 이를 강경 진압하기로
합니다. 본격적인 진압이 시작된 1989년 6월 4일,
톈안먼은 피로 물들었습니다. 민간인 사망자가
300명이라고 공식 발표했지만, 국제 적십자 협회는
2,000여 명이라고 발표했습니다. 하지만 비공식
집계로는 5,000여 명이 사망했다고 합니다.
중국은 이 사건 이후 서양과의 외교 관계가 악화되었고,
시장 개혁의 흐름이 한동안 끊기게 되었어요.

1989년의 톈안먼 광장 © Derzsi Elekes Andor

이집트의 민주 혁명

1981년, 당시 이집트 부통령이었던 호스니
무바라크는 안와르 사다트 대통령이 암살되자
대통령직을 승계했습니다. 그 뒤 무바라크는
30년간 장기 집권을 하며 민주주의를 외치는
시민들과 야당을 탄압했습니다.
결국 국민들은 무바라크의 퇴진을 요구하며
시위를 벌였어요. 시위는 2011년 1월 25일부터
2월 11일까지 진행되었고, 그 결과 호스니
무바라크 대통령은 대통령직에서 물러났습니다.

2011년 2월 이집트의 수도에 있는 타흐리르 광장에 모인 시위대
© Jonathan Rashad

1980년 5월 18일, 전라남도 광주에서는 시민이 중심이 되어 대규모 민주화 운동이 일어났습니다.

1979년 박정희 대통령이 사망한 뒤, 같은 해에 전두환을 중심으로 한 신군부 세력이 정권을 장악했습니다. 이들이 권력을 남용하며 민주화 인사들을 잡아들이자, 이에 반발한 시민들은 신군부 세력을 몰아내고 민주 정부를 수립하기 위해 시위를 벌였지요.

신군부는 훈련 받은 군인들을 시위 제압에 투입하였습니다. 시위대의 많은 이들이 희생당하자 시민들은 두려움을 넘어서 오히려 분노를 느꼈고, 급기야 어린 학생들도 시위에 참여하게 되었어요.

5·18 광주 민주화 운동으로 인해 죽거나 다친 사람은 5,000여 명이 넘었습니다. 안타깝게도 광주 민주화 운동은 끝내 신군부 정권에 의해 진압당했어요. 그러나 이 사건은 민중이 얼마나 민주주의를 원하는지를 보여 준 사건이며, 이후 우리나라는 물론 다른 국가의 민주화 운동에도 영향을 끼쳤습니다.

광주 민주화 운동이 벌어졌던 전남도청 별관
© kayakorea

5·18 광주 민주화 운동 추모탑

who? 지식사전

영화 〈화려한 휴가〉의 세트장
© Sim1992

영화 〈화려한 휴가〉

2007년 김지훈 감독의 영화 〈화려한 휴가〉는 광주 민주화 운동을 배경으로 만들어진 영화입니다. 1980년 5월 어느 날 광주에서 평범한 일상을 보내던 형제는 집 앞에서 총탄이 터지고 시위대가 무장한 군인에게 죽임을 당하는 모습을 보게 됩니다. '화려한 휴가'란 사건 당시 군인들의 진압 작전명이었다고 합니다.

영화 〈꽃잎〉, 〈화려한 휴가〉, 〈26년〉 등의 소재가 된 광주
민주화 운동은 우리 민족의 가슴 아픈 역사입니다.

대한민국의 6월 항쟁

6월 항쟁은 1987년 6월 10일부터 20여 일 동안 벌어진 민주화
운동입니다. 6월 민주화 운동 또는 6·10 항쟁이라고도 합니다.
당시의 정부는 정권을 빼앗기지 않기 위해 불합리한 결정을
마다하지 않았습니다. 국민들은 이를 개선하자는 목소리를
높였지만 정부는 귀담아 듣지 않았고, 경찰의 고문에 의해
사람이 죽고 학생이 시위 도중 최루탄에 맞아 사망하는 등
연이어 사건이 일어났습니다.
1987년 6월 10일, 참다못한 국민들이 전국적으로 들고
일어났습니다. 시위는 전국으로 확대되었고, 1백만 명이
넘는 사람들이 참여했습니다. 이때 시민들은 무엇보다
독재를 끝내고 국민이 대통령을 직접 뽑는 대통령
직선제를 외쳤습니다. 큰 규모의 시위대를 무력으로
해산할 수 없었던 정부는 국민의 요구를 받아들일 수밖에
없었고, 6월 29일에 대통령 직선제로 헌법을 개정할 것을
약속했습니다. 그리고 같은 해 12월 16일, 개정된 헌법에 따라
대통령 선거가 치러졌습니다.

6월 항쟁 당시 명동성당에 모여든 시위대

6월 항쟁에 불을 지핀 박종철

박종철(1964~1987년)은 대한민국의 민주 운동가입니다. 서울 대학교 언어학과 학생 회장이던 그는 제5공화국 말기에 수사
기관에 붙잡혀 폭행과 전기 고문, 물 고문 등을 받다가 죽임당했어요. 당시 군사 독재 정권은 이 사실을 숨기려 했습니다.
하지만 이에 민중의 분노가 더 커져 6월 항쟁의 도화선이 되었습니다. 2001년, 서울 대학교에서는 박종철에게 언어학과 명예
졸업장을 수여했습니다.

6 포기할 수 없어

1991년 10월, 가택 연금 중이던 아웅산수찌에게 노벨 평화상이 수여됩니다. 미얀마의 민주화를 위해 노력한 공로를 세계가 인정한 것입니다.

우리나라에서 노벨상 수상자가 나오다니 국가적으로도 기쁜 일이오. 가택 연금을 풀어 줄 테니 노르웨이로 상을 받으러 가시오.

상을 받은 후, 다시는 들어오지 못하게 하려는 수작이지.

노벨상은 기쁘지만, 저는 잠시라도 버마를 떠날 수 없어요.

저 고집불통을 어떻게 처리하지? 세계적 유명 인사가 되어 버렸으니, 다루기만 더 어렵게 되었어!

쾅

노벨상 수상을 핑계로 자신을 국외로 추방하고자
하는 정부의 꾀를 눈치챈 아웅산수찌는 시상식을
TV로 시청했습니다.

아웅산수찌는 이 자리에
불참하였으므로 그의 장남이
대신 소감을 전하겠습니다.

웅성. 웅성.

어머니의 외로운 투쟁은
인간의 정신을 해방하려는 것입니다.
버마 국민은 어머니를 믿고 있습니다.
어느 한 사람이 아니라 흔들리지 않는
원칙에 의해 버마의 민주주의는
정착될 것입니다.

장하다, 내 아들 알렉산더.

따르르릉!

수찌,
건강은 어때요?

나도 아이들도 모두 잘 있어요. 우리 걱정은 하지 말아요.

나는 건강하게 잘 있어요. 당신은요?

보고 싶어요······.

윽!

욱신 욱신

마이클, 하루빨리 수술을 해야 해.

소 마웅의 건강이 나빠지자, 그의 뒤를 이어 1992년부터 2010년까지 탄 슈웨가 미얀마를 다스립니다. 그리고 1995년 7월 11일, 세계의 비난과 압박에 시달린 군부는 마지못해 6년 만에 아웅산수찌를 가택 연금에서 풀어 줍니다.

퍼엉

퍼엉

몸이 많이
여위셨네요.

동료들의 고통을 생각하면
제가 겪은 건 아무것도
아닙니다.

고통을 이기는
힘은 어디서 오는
걸까요?

자기가 하는 일에
확신이 있고, 자기가 옳다는
믿음으로 살아간다면
그 자체가 힘이 됩니다.

가택 연금이 해지됐는데
어떤 일을 가장 먼저 하시고
싶으신가요?

제가 풀려났어도
변한 건 아무것도 없어요.
여전히 우리 국민 전체가
이 나라 안에 갇혀 있다는
걸 온 세상에 알려 주세요.
버마에서 일어나는 심각한
불의를 국제 사회가 모른
척하면 안 된다고
생각해요.

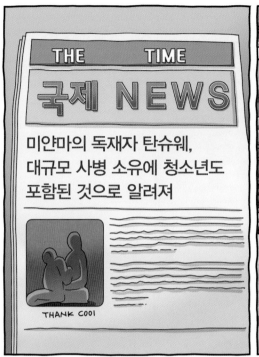

THE TIME
국제 NEWS

미얀마의 독재자 탄슈웨,
대규모 사병 소유에 청소년도
포함된 것으로 알려져

THANK COOl

미얀마 외곽의 가난한
마을입니다. 마을 전체가 강제로 철거되고
있습니다. 외국인 관광객에게 미얀마의
가난하고 지저분한 모습을 보여 주기
싫은 거지요.

마을 사람들은 트럭에
살림살이와 함께 짐짝처럼 실려 갑니다.
어디로 가는 것일까요?

무장 군인들이
말라리아가 들끓는 늪지대에
사람들을 내려놓습니다.

요즘 시대에
저런 미개한
나라가 있다니!

해외에서는 미얀마의 비참한 현실에 대해 난리였지만, 정작 미얀마의 텔레비전 방송은 현실과는 상관없는 이야기를 했습니다. 군부에서 감시했기 때문입니다.

미얀마 군사 정부의 뛰어난 경제 계획은 많은 관광객을 끌어모으고 있답니다.

저걸 지금 믿으라고 내보내는 방송이야?

방송 조작이야!

국민을 지켜야 할 군대의 총칼이 오히려 국민을 위협하다니……, 이 사실을 세계에 알려야 해!

이제 진실을 말할 수 있는 건 아웅산수찌의 연설밖에 없습니다.

와아

미얀마에서 만들어진 신문이나 텔레비전 보도는 아무도 믿지 않았습니다. 진실을 알고 싶은 사람들은 아웅산수찌의 연설을 듣기 위해 그녀의 집 앞으로 몰려들었습니다.

당신! 그거 뭐야?

비디오테이프를
소지하는 것은 불법이다!
테이프를 압수하고
끌고 가.

아무것도
아닙니다.

1996년 7월 31일. 탄 슈웨는 텔레비전과 비디오테이프,
녹음기 등을 소지한 사람들은 정부 허락을
받아야 한다는 법을 만들어 국민을 탄압했습니다.

영국에서 편지가 왔어요.
전화도 마음껏 하지 못하고
편지라니…… .

사랑하는 수지
비자 신청이 계속 거절
되고 있소

마지막으로 아내를
보고 싶다고 하소연해도……,
군부가 비자를 내주지 않고 있대요.

왜 그러세요?

마이클이 암에 걸려
곧 죽을지도 모른대요.

흑

흑

마이클에게 절대 비자를 내주어서는 안 돼. 그래야 아웅산수찌가 마이클을 만나러 출국을 할 테지.

가택 연금도 그렇게 버텨 왔는데 과연 나갈까요?

좌아악?

남편이 암에 걸려 죽어 가는데 안 나가겠어? 나가기만 하면 입국을 막아!

수찌가 끝내 안 나가서 마이클이 죽으면 어쩝니까? 세계가 또 우리를 비난할 텐데요.

이번에는 도리어 수찌가 비난받게 될 거야.

남편이 암에 걸려 죽어 가는데도 꼼짝도 안 했으니까.

따-악

마이클······.

수찌, 난 잘 버티고 있소.
비자가
날 때까지 계속
신청할 생각이오.

제가 갈게요,
마이클.

여기 올 생각은 꿈도 꾸지
말아요. 그러면 지금까지의
당신 노력이 모두 허사가
될 거요. 내가 아픈 사람이니
악마도 연민이 생기겠지요.
조금만 더 기다려 봅시다.

그러다 만약
비자가 끝까지
안 나오면······.

당신이 여기 오는 건
군부에서 원하는 거요.
절대 오면 안 돼요.

142 아웅산수찌

남편의 건강이 악화되었다고
하는데, 지금 당장 항공편을
마련해 주겠소.

내가 나가면
다시는 돌아오지
못하겠지요.

1999년 3월 1일, 아웅산수찌의 든든한 후원자였던
남편 마이클 에어리스가 쉰셋의 나이로 세상을
떠났습니다. 군부는 마이클의 입국을 끝까지
막았고, 결국 아웅산수찌는 남편의 장례식에도
참석하지 못했습니다.

아웅산수찌의 남편이 영국에서
세상을 떠난 것으로 밝혀졌습니다.
잘 알려져 있다시피 남편 마이클
에어리스는 영국인입니다.

잘한다..

아웅산수찌는 정치가로서 자신의
야망을 위해 줄곧 미얀마에 있었고,
남편은 영국에서 홀로 두 아이를 키우며
살다가 암에 걸렸습니다.

국영방송

암에 걸린 남편을 혼자
죽게 내버려 두었대. 어떻게
그리 비정할 수가 있지?

군부는 언론을 이용해 국민이 아웅산수찌를 오해하도록
만들었고, 나라의 민주화를 위해 남편의 임종마저 지키지
못했던 아웅산수찌는 매우 고통스러웠습니다.

정부가 영국으로
가는 항공편까지
마련해 주었는데도 끝내
가지 않았대.

정말 독한 여자야.

나라의 민주화를
위해서 그런 거잖아.
얼마나 힘들었을까!

아웅산수찌는 슬픔을 가다듬고 자신의
일을 계속해 나갔습니다.

하지만 미얀마 정부는 아웅산수찌를 따르는 사람들을 가두어 고문, 학대했습니다.
이들을 가두는 인세인 감옥은 국제적으로도 악명이 높았습니다.

2000년 9월 23일, 탄 슈웨 군부는 아웅산수찌에게 두 번째 가택 연금 명령을 내립니다.

아웅산수찌 여사의 영향력이 커지니 또 가택 연금을……

도대체 언제쯤 이 독재가 끝날까?

버마의 어머니!

와아

와

두 번째 가택 연금은 2002년 5월 해제되었고, 아웅산수찌는 이후 전국 전역을 돌며 민족 민주 동맹을 재건하고자 했습니다.

끼이익!

콰직 아악 퍽 악 픽

제발 그만 좀 모여!

2003년 5월, 결국 아웅산수찌도 잔혹하기로 유명한 인세인 감옥에 수감됩니다.

세계가 아웅산수찌를 석방하라고 난리입니다.

미국은 미얀마의 제품을 대부분 수입 금지했고, 일본도 경제 지원을 끊었습니다. 아시아에서도 미국의 대응에 동참하기 시작했습니다.

어휴, 골치 아파!

왜 다들 수찌, 수찌! 하는 거야?

무장 괴한들에게 죽을 뻔했고,
가까스로 살아남아 인세인 감옥에
갇혔다가 풀려나셨는데요.

군부에
한 말씀 해 주세요.

날 죽이는 건 하나도
어려울 것이 없으니 굳이
훈련된 군인들을 동원할
필요가 없어요.

저는 죽음도
두렵지 않아요.
언제든 죽을
각오로 투쟁하고
있어요.

군부가 저를 가두지
않았다면,
제가 이렇게 세계의 관심을
끌지도 못했을 겁니다.

우리는 이 세상에 살고 있기 때문에
세상을 위해 최선을 다해야 할 의무가 있어요.
버마의 민주주의를 위해 일하는 사람들은,
억압적인 사회에서 노예로 안전하게 사는 것보다
기본적인 인권을 수호하기 위해 위험을 감수하는 편이
더 낫다고 확신하고 있습니다.

죽임을 당할 뻔했는데도
어쩜 저렇게 의연할 수가
있을까?

감옥에서 풀려난 아웅산수찌에게 곧바로 세 번째 가택 연금이
내려졌습니다. 2003년 5월 30일부터 2010년 11월 13일까지,
7년여 동안 전화와 우편물, 이메일까지 모두 금지되었습니다.

평화를 위한 단체

하나 국제기구

국제기구는 국제법에 의해 설립된 기구입니다. 현대
사회에서는 한 나라가 다른 나라와 관계를 맺지 않고
살아가는 것이 거의 불가능하지요. 그래서 주권을 가진 두
개 이상의 국가들이 합의하여 협력체를 만듭니다. 지구
온난화와 같은 환경 문제, 세계 각지에서 일어나고 있는
전쟁이나 분쟁 등의 문제를 해결하기 위함이에요.

유엔(국제 연합)

세계 대부분 국가는 유엔의 회원국입니다. 유엔의
본부는 미국 뉴욕에 있으며, 매년 총회를 열어 안건을
논의합니다.
1945년 제2차 세계 대전 이후 세계의 평화를 위해
생겨났으며, 현재 세계적으로 그 영향력을 행사할 수
있는 힘을 가진 기구랍니다.

유엔 사무국 건물 ⓒ Steve Cadman

who? 지식사전

알프레드 노벨

노벨 평화상

다이너마이트를 발명한 스웨덴의 화학자 알프레드 노벨(1833~1896년)은 자신의
유산을 인류 문명 발달에 공헌한 사람에게 나누어 주도록 기부하였습니다. 노벨상은
1901년에 제정된 상으로, 해마다 물리학, 화학, 생리·의학, 경제학, 문학, 평화의
여섯 개 부문에서 주어져요. 그중 노벨 평화상은 세계 평화에 큰 공헌이 있는
인물이나 단체에 주어지는데, 2000년 대한민국의 김대중 전 대통령이 수상했답니다.
'동아시아와 대한민국의 민주주의와 남북 화해를 위한 노력' 때문이었지요.
1914~1918년, 1939~1943년에는 제1차 세계 대전과 제2차 세계 대전으로 수여가
중단되었으며, 1966년과 1967년에도 수상자가 없어서 시상을 하지 않았습니다.

유니세프(UNICEF)

유니세프는 유엔의 전문 기구 중 하나입니다. 제2차 세계 대전이 끝나고 세계적으로 기아와 질병에 시달리는 아동의 구제가 필요했습니다. 그래서 국적이나 종교에 상관없이 어린이를 구호하자는 취지 아래 1946년 12월 유니세프가 설립되었어요. 유니세프는 설립된 이후 지속적으로 구호 사업을 펼쳐왔으며 그에 대한 공로로 1965년 노벨 평화상을 수상하기도 하였습니다. 우리나라는 1950년 3월에 정식으로 유니세프에 가입하였고, 1993년까지 각종 지원을 받았어요. 1994년부터 우리나라는 지원을 받는 국가가 아닌, 지원을 주는 국가로 거듭나 세계 어린이 구호 사업에 동참하고 있습니다.

유니세프 기. 유니세프는 전 세계에서 어려운 처지에 놓인 어린이들을 돕고 있습니다.

세계 보건 기구(WHO)

모든 사람의 건강을 위해 설립된 세계 보건 기구도 유니세프처럼 유엔의 전문 기구랍니다. 보통 WHO라고 부르지요. 제2차 세계 대전 전에 존재했던 국제 공공 위생 사무소 등의 업무를 이어받아 1948년 정식으로 발족하였습니다.

세계 보건 기구의 목표는 인류가 가능한 한 최고의 건강 수준에 도달하는 것입니다. 이를 위해 질병을 퇴치하고, 회원국 간 보건 부문 발전을 위해 서로 도움을 줄 수 있도록 노력하고 있습니다.

우리나라는 1949년 8월 17일, 65번째 정회원국으로 가입하였으며, 서태평양 지역 위원회에 소속되어 있어요.

스위스 제네바에 있는 세계 보건 기구 본부 건물 ⓒ Yann Forget

1999년 뉴질랜드에서 열린 APEC 정상 회의에서 미국 빌 클린턴 전 대통령과 악수를 나누고 있는 김대중 전 대통령

둘 비정부 기구

비정부 기구란 어떠한 정부의 간섭도 받지 않고 시민이나 민간단체의 힘만으로 만든 모임입니다. 만일 비정부 기구가 정부로부터 자금을 지원받는다고 해도 비정부 기구 내에서는 정부 관계자를 회원으로 두지 않아요. 20세기 중반부터 환경 문제, 세계 평화, 인권 문제 등 국제적인 문제들이 떠올랐는데, 특히 환경 문제와 같은 경우, 전 세계의 합의와 지원이 필요했지요. 따라서 정부 활동을 감시하거나 각종 사회 문제를 해결하기 위해서 나서는 민간단체가 생기기 시작했습니다. 국제 사면 위원회, 국경 없는 의사회, 그린피스 등 다양한 비정부 기구가 존재합니다.

옥스팜(Oxfam)

옥스팜은 옥스퍼드 대학교 학술 위원회의 머리글자(Ox)와 굶주림(famine)의 앞글자를 따 만든 이름입니다. 이 단체는 빈곤을 해결하고, 불공정한 무역을 없애기 위해 노력하고 있습니다. 1942년 설립되었으며 영국에 본사를 두고 있습니다. 옥스팜은 세계 각지에 수많은 가게를 열어 공정 무역 상품을 판매하는데, 영국에만 650여 개의 점포가 있답니다. 또 옥스팜에서는 기금을 모으기도 합니다. 영국 내에서는 옥스팜과 관련한 시민들의 기부 활동도 활발하게 이루어지고 있어요. 2002년 우리나라에서는 영국의 옥스팜을 본보기로 하여 '아름다운 가게'를 만들었어요. 아름다운 가게에서는 시민들로부터 기증받은 물건들을 다시 사용할 수 있도록 하여 시장으로 되돌립니다. 물품의 나눔과 순환을 실현하고 있지요.

옥스팜의 의류 및 신발 은행

그린피스

그린피스는 핵 실험 반대 시위를 벌이기 위해
1971년 결성된 단체입니다. 그린피스라는
이름은 이들이 시위 중에 내건 녹색 깃발에서
얻게 되었어요. 지구에 대해 관심을 가지고 핵
실험을 반대한다는 의미랍니다.

처음에는 핵 실험 반대 운동으로 시작했지만
지금은 유전자를 조작한 작물이나 고래 포획을
반대하는 등 다양한 환경 운동을 벌이고
있습니다.

2011년 6월, 그린피스는 '원자력 없는 한국'이라는
주제로 한반도 주변을 항해했어요. 그때 열게 된
서울 사무소에서는 기후 변화와 에너지 문제, 해양
문제 등과 관련한 캠페인을 펼쳐 나가고 있어요.

그린피스는 핵 실험 반대 운동으로 시작된 환경 단체입니다.
© Guillaume Paumier

국제 표준화 기구(ISO)

표준화가 이루어지지 않으면 불필요한 낭비와
시행착오가 일어날 수밖에 없어요. 가령 쓰고 있던
휴대 전화기가 고장이 나 새로운 휴대 전화기로
바꾸었는데, 충전기를 연결하는 방식이 모두
다르다면, 휴대 전화기를 바꿀 때마다 멀쩡한
충전기를 두고 새로운 충전기를 사야만 하는 상황이
생기는 것이지요.

그래서 국제 표준화 기구에서는 각 나라의 표준
제정을 참고하여 국제적인 표준을 만들고, 이를
보급합니다.

국제 표준화 기구는 현재 160여 국이 가입했어요.
스위스 민법에 의해 설립된 민간 기구이지만, 이 기구가
정한 표준은 국가 표준을 제정할 때 널리 활용되기 때문에 그
영향력은 엄청납니다.

2015년도 국제 표준화 기구의 총회 모습

민주화의 상징

미얀마에 불어닥친 태풍은 수많은 사망자와 재산 피해를 남겼습니다.

재산과 가족을 모두 잃었어.

국민은 굶어 죽어 가는데 나라에서는 대체 뭘 하는 거야?

이런데도 정부는 물가를 올리기만 하고 있다고요.

군부가 재해에 대비할 수 있는 시설을 잘 갖춰 놓지 못해 피해가 엄청나게 커졌습니다.

뿐만이 아니에요. 이유를 설명하지도 않고 갑자기 휘발유와 경유 가격이 엄청 올랐어요.

아니, 하루아침에?

재정난이 심해지자 돈을 거둬들이려고 기름값을 올린 것이지요. 자기들이 나라를 잘못 운영한 것을 서민들에게 떠넘겼어요.

와아—

와..

국민은 배고파 죽고!
군사정권은 배터져 죽고!

이제 우리 모두가 나서야 할 때입니다.

시주가 일상적인 의식인 불교 국가에서 군인들과의 관계를 끊겠다고 한 것은 승려들이 줄 수 있는 가장 가혹한 벌이었습니다.

군인들은 절에 발도 들이게 하지 마라. 군인들에게는 *시주를 받지도 않겠다!

가난한 중생을 위해 승려만이 할 수 있는 종교 의식을 하도록 합시다.

2007년 9월 24일, 마침내 승려들도 적극적으로 시위에 나서기 시작했습니다.

와아..

버마의 정부여! 더 이상은 안 됩니다.

군부독재는 그만

버마의 민주화

*시주: 절이나 승려에게 물건을 베푸어 주는 일

하늘도 슬피 우는구나.

살아 있는 생명이면 무엇이나
행복해야 하거늘.

하지만 이 정도 비가
우리를 막을 수 있으랴.

자비는 베풀어도,
베풀어도 끝이 없으니.

승려들이 사프란과 같은 자주색 옷을 입고 시위한 '사프란
혁명'은 전 세계 언론을 통해 자세히 보도되었습니다.

승려의 행렬이 아웅산수찌의 집 앞에서 멈춘 것은
미얀마의 국민이 원하는 진정한 지도자는 아웅산수찌라는
것을 전 세계에 알리는 의식이었습니다.

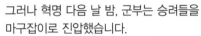
그러나 혁명 다음 날 밤, 군부는 승려들을
마구잡이로 진압했습니다.

아빠, 이것 좀 보세요!

일반 가정집.

어? 우리나라 뉴스가
인터넷에 나오는구나!

지금 이게 우리의
일이란 말이야?
텔레비전에는
나오지 않아.

모두 해외 기자들이 취재한 내용이에요.
이게 지금 우리나라의 일이라고요!

계속된 탄압에도 승려들의 행진은
일반 시민에게 이어졌고, 행렬은
몇 킬로미터에 이르게 되었습니다.

아직도 저런 나라가 있다니!
군대가 어떻게 자국민을
죽일 수 있지?

1988년의 8888 항쟁 때와는 달리, 군부의 잔인한 폭력 진압은 인터넷을 통해 실시간으로 알려졌습니다. 미얀마 국민과 전 세계인은 잔인한 광경을 눈으로 확인했습니다.

투타탕!

아…… 끔찍해!

취재를 하던
외국인 기자까지
죽였대요.

미얀마에선 이미 수십 년간
지속되고 있는 일인 걸요.

그동안 철저히
숨겼던 것일 뿐이죠.

이대로는 안 되겠습니다!

결국 국민들의 계속된 민주화 운동과 국제 사회의 압박을 이기지 못한 탄 슈웨 군부는 2008년 헌법 개정을 위한 국민 투표를 실시하고, 2010년에는 총선을 치러 단계적 민주화를 시행하겠다고 약속했습니다.

NEWS
국민투표

정부는 헌법 개정을 위한 국민 투표를 2008년 5월 실시하고, 2010년 총선을……

와아!

드디어 민주화가 조금씩 이루어지고 있는 거야!

이번에는 정말일까?

만세!

잘됐어요.
여사님의 가택 연금 기간도
얼마 안 남았잖아요. 이제
온 국민이 단합해야 해요.

부시럭!

군부가 곧 테러리스트를
보내 여사님을 죽일지도 몰라요.
그것을 알려 주러 왔어요.

이 철통같은
경비를 어떻게 뚫고
들어왔을까요?

가택 연금 중에 사람을 집 안으로 들이다니, 이건 국가의 법을 위반한 것이다.

이봐요, 뭐라 말을 해 보세요.

군부는 아웅산수찌에게 억울한 죄를 덮어 씌우고 가택 연금 기간을 2010년 11월까지 연장하였습니다.

내가 정치 연설을 할 수 없도록, 가택 연금 기간을 연장하기 위한 거였어.

어째 이상하더라니……. 저놈이 일부러 들어온 거였어요.

정부는 오는 2010년 11월, 대통령 선거를 치르기로 했습니다.

관공서에서 서류 한 장 떼는 데도 뒷돈을 줘야 빨리 발급해 주더군요.

안 그러면 간단한 서류 한 장도 몇 달씩 미루니…….

아, 정말 민주주의 국가에서 살고 싶어요.

부우웅

수찌 여사님의 민족 민주 동맹을 불참하게 만들어 놓고 무슨 민주주의 선거람?

휴, 그래도 투표에는 참여해야지.

2010년 11월 선거일.

국민이 정치에 무관심할수록 독재자한테만 좋을 테니까.

콩.

펑

펑

2011년, 테인 세인이 미얀마 연방 공화국의 초대 대통령으로 취임했습니다.

테인 세인 역시 군에서 퇴역한 지 얼마 안 됐어.

그래도 지금은 민간인이잖아. 희망을 가져 보자고.

그래, 예전과는 분명히 달라졌어!

테인 세인은 군에서 퇴역한 지 얼마 되지 않은 민간인 대통령이었습니다. 하지만 폐쇄적이기만 했던 미얀마의 통치가 조금씩 완화되어 가고 있는 것만은 분명했습니다.

총선에서 승리한 군사 정권은 그해 감옥에 있던 수백 명의 민주화 인사들을 대거 석방하고, 2010년 11월 13일, 아웅산수찌의 세 번째 가택 연금을 완전히 해제했습니다.

이번 해제는 무려 7년 6개월 만이군.

와아..

엉엉..

고생하셨습니다.

으흐흑...

여러분을 보게 되어 매우 기쁩니다. 아직도 우리의 많은 투쟁가가 인세인 감옥에 갇혀 있습니다. 투쟁은 계속되어야만 합니다!

아웅산수찌가 조국에 준 가장 큰 선물은 외부 세계에 미얀마의 현실을 알렸다는 점입니다. 비무장 시위대를 향해 발포하고 학살하는 미얀마의 군사 정권에 용기 있게 도전해 온 아웅산수찌의 생애는 많은 사람에게 감동을 주고 있습니다.

우리는 이 세상에 살고 있기 때문에 세상을 위해 최선을 다해야 할 의무가 있어요.

현재 미얀마에는 민간 정부가 출범해 있습니다. 아웅산수찌는 2016년 미얀마의 제9대 대통령 틴초의 취임과 동시에 외무장관이 되어 미얀마의 진정한 민주주의 이룩을 위해 노력하고 있습니다.

who?와 함께라면 미래가 보인다

어린이
진로 탐색

국회 의원

어린이 친구들 안녕?
아웅산수찌 이야기 재미있게 읽었나요?

그렇다면 이제부터
아웅산수찌가 꿈을 키워 가는 과정을 함께 되짚어 보며
그가 활동한 분야와 그 분야에 속한 다양한 직업에 대해
살펴봐요!

또한 여러분에게는 어떤 장점과 적성, 가능성이
숨어 있는지 찾아보면서
그것을 어떻게 진로와 연결시킬 수 있는지에 대해서도
알아봅시다!

그럼 지금부터
여러분이 멋진 꿈을 향해 나아갈 수 있도록 도와줄
진로 탐색을 시작해 볼까요?

자기 이해부터
진로 체험까지,
다양한 진로 탐색
활동을 시작해 봐요!

가족의 관심사를
비교해 보아요!

아웅산수찌의 아버지는 조국의 독립운동을 주도했고, 그의 딸인 아웅산수찌는
나라의 민주화를 위해 군부 독재 세력에 맞섰어요. 이처럼 아웅산수찌는 아버지가
그랬듯 올바른 정치로 국민들이 보다 행복하게 살 수 있도록 하는데 관심이
있었지요.
여러분도 가족의 관심사와 자신의 관심사를 비교해 보세요. 만약 비슷한 점이 많다면
어떤 면에서 그런지, 또는 다른 점이 많다면 어떤 면에서 그런지 적어 보세요.

가족 ( )의 관심사		나의 관심사
	1 관심 있는 것은?	
	2 비슷한 점은?	
	3 다른 점은?	

좋아하는 과목이 있나요?

아웅산수찌는 스리람 여대에서 정치학을 공부했어요. 영국의 옥스퍼드 대학교로
유학을 가서 공부한 분야들 중 하나도 정치학이었지요. 아웅산수찌가 정치학을 택한
것은 미얀마의 민주주의에 관심이 많았기 때문이었어요.
여러분도 특별히 좋아하는 과목이 있나요? 여러분이 좋아하는 과목과 그 까닭을
적어 보세요.

좋아하는 과목	
이유	

좋아하는 과목	
이유	

좋아하는 과목	
이유	

우리 지역의 국회 의원은?

아웅산수찌는 2012년 보궐 선거(빈자리가 생겼을 때 그 자리를 보충하기 위해 하는 임시 선거)를 통해 국회 의원으로 당선이 되었습니다. 국회 의원은 보통 국민의 필요에 따라 법을 만들거나 바꾸는 일을 해요.

우리나라도 선거를 통해 국회 의원을 뽑습니다. 우리 지역을 대표하는 국회 의원은 누구인지 조사해 보세요.

우리 지역의 국회 의원

이름: ....

소속 정당: ....

국회 의원이 되기 전에 한 일

....

....

....

....

국회 의원이 되어 한 일

....

....

....

....

진로
탐색
STEP 4

국회 의원이 하는 일은?

미얀마에서는 이제 국회 의원의 대부분을 국민의 투표로 선출할 수 있게 되었습니다.
아웅산수찌가 이끄는 정당은 2015년 의회에서 더 많은 자리를 차지하여서, 그녀가
실제적인 정치 지도자 역할을 하게 되었지요. 미얀마와 우리나라의 국회 의원은
제도상 차이가 있긴 하지만 하는 일은 비슷합니다. 바로 국민을 위한 일을 하는
점이에요.
그럼 우리나라의 국회 의원은 어떤 일을 할까요? 아래 내용을 읽고, 옳으면 ○,
틀리면 ×표를 하세요.

국회 의원이 하는 일

(1) 학교나 고속 도로 같은
공공시설을 만든다.

(2) 새로운 법을 만든다.

(3) 행정부가 제대로 일하고 있는지
감시한다.

(4) 재판을 열어 법을 어긴
사람에게 벌을 내린다.

정답: (1) × (2) ○ (3) ○ (4) ×

179

국회 의원이 되기 위한 준비

아웅산수찌는 대학교에서 정치를 배웠고, 민주주의를 위해 총칼을 두려워하지 않고 독재 정부에 맞섰어요. 이러한 노력을 인정받아 많은 사람의 지지를 받아 국회 의원이 될 수 있었지요.

아웅산수찌의 이야기를 읽고 국회 의원이 되고 싶다는 꿈이 생겼다면, 그 꿈을 좀 더 구체적으로 상상해 보세요. 국회 의원이 되려면 지금부터 어떤 노력을 하면 좋을까요?

국회 의원이 되기 위해 준비할 일

10대	㉐ 우리 동네에 있는 문제점을 알아보고, 그 이유가 무엇인지 고민해 보아요.
20대	
30대	

반장 선거에 나간다면?

선거를 할 때 후보자들은 많은 사람들 앞에서 연설을 해요. 나를 뽑아 달라고
설득하는 것이지요. 반장 선거도 마찬가지예요. 여러분이 반장 선거에 나간다면
뭐라고 연설하고 싶은지 미리 연설문을 적어 보세요. 학급의 수업 분위기나 친구들을
위해 어떤 일이 필요한지 생각해 보고, 자신이 반장이 된다면 무엇을 할지를 알리면
된답니다.

여러분, 안녕하세요. 저는   입니다.

연표

아웅산수찌

1945년		6월 19일, 버마의 독립 영웅 아웅산 장군의 딸로 태어났습니다.
1947년	2세	아웅산 장군이 무장 괴한들에게 암살 당합니다.
1948년	3세	버마가 영국 연방에서 벗어나 독립 국가가 되었습니다.
1960년	15세	인도 뉴델리 스리람 여대에 입학하여 1964년에 졸업합니다.
1962년	17세	네 윈 장군이 쿠데타를 일으켜 권력을 잡고, '버마식 사회주의' 통치를 시작합니다.
1969년	24세	영국 옥스퍼드 대학교 세인트 휴 칼리지에서 철학, 정치학, 경제학 전공으로 학사 학위를 받습니다.
1972년	27세	영국인 학자 마이클 에어리스 박사와 결혼합니다.
1973년	28세	첫째 아들 알렉산더가 태어납니다.
1977년	32세	둘째 아들 킴이 태어납니다.
1988년	43세	8월 23일, 쉐다곤 파고다 집회에서 50만 군중 앞에서 버마의 민주화 투쟁에 대해 연설합니다. 9월 24일, 민족 민주 동맹(NLD)이 결성됩니다.

1989년	44세	내란죄로 1차 가택 연금에 처해집니다.
		(1995년 7월 10일까지)
		군사 정부가 나라의 이름을 미얀마로 바꿉니다.
1990년	45세	총선에서 민족 민주 동맹(NLD)이 압도적인 승리를
		하지만 군부는 선거 무효를 선언합니다.
1991년	46세	노벨 평화상을 수상합니다. (가족이 대리 수상)
2000년	55세	9월 23일부터 2002년 5월 6일까지 다시 가택 연금에
		처해집니다.
2003년	58세	세 번째 가택 연금에 처해집니다.
2007년	62세	시위가 전국으로 퍼져 나갑니다.
		9월, 승려가 주도한 사프론 행진이 거행됩니다.
2010년	65세	가택 연금에서 해제되며, 미얀마는 연방 공화국을
		선포합니다.
2012년	67세	21년 만에 노벨 평화상 수락 연설을 합니다. 그리고
		미얀마 국회 의원에 당선됩니다.
2020년	75세	국가 고문과 외무부 장관을 맡아 미얀마를 위해
		일합니다.
2021년	76세	미얀마 군부에 의해 구금됩니다.

찾아
보기